KiWi
PAPERBACK
1077

Das Buch

Sie spricht mit diesem wunderbaren französischen Akzent. Eines ihrer deutschen Lieblingswörter ist Schlompe [Schriftsprache: Schlompe]. Sie ist wirklich charmant und wirklich sehr ehrlich. Nathalie Licard ist wirklich so. Und eine waschechte Französin. Aber wie ist Deutschland? Darüber hat Nathalie Licard lange nachgedacht und genau hingeschaut, ja, wirklich. Nathalie Licard kam nach Deutschland völlig ungeplant und unvorbereitet. Die ersten Tage waren eine Katastrophe: keine 20 Wörter Deutsch. Sie fühlte sich wie gekochtes Gemüse. Nathalie Licard war 30, verliebt und bekam einen Job als Mädchen für alles bei einer Late-Night-Show. Dort wurde sie weiter gebraucht: als Telefonistin, Ansagerin, Verkörperung des Französischen, Sidekick, Reporterin für Spezialeinsätze und Sängerin, die nicht singt. Sie lernte Deutsch, lernte, dass es Humor gibt und witzige Deutsche (sie hatte ja beste Bedingungen bei der »Harald-Schmidt-Show«), aber sie widersetzte sich der Grammatik und den Essgewohnheiten.

Die Autoren

Nathalie Licard kommt aus Dax (»das schreibt man wie das Aktien-Dings«), einer kleinen Stadt an der Atlantikküste, sie studierte Literatur und arbeitete fürs Radio und als Sozialarbeiterin.

Marcus Bäcker lebt mit Frau und Tochter in Köln. Als freischaffender Journalist und TV-Autor arbeitet er unter anderem für die »Berliner Zeitung«, den »Kölner Stadt-Anzeiger«, die »Welt am Sonntag« und das ZDF.

Nathalie Licard

Ich bin gespannt wie gekochtes Gemüse

Eine Französin in Deutschland

Mit Marcus Bäcker

Kiepenheuer & Witsch

Ich bedanke mich bei den Deutschen, die mich aufgenommen und mir ihre Sprache beigebracht haben, obwohl sie in diesem letzten Punkt teilweise versagt haben.

1. Auflage 2008

Umschlaggestaltung: Barbara Thoben, Köln
Umschlagmotiv: © Illustration: Silke Schmidt
Autorenfoto: © Bettina Fürst-Fastré
Karte S. 170 Evelyn Neuss
Gesetzt aus der Stempel Garamond und der Officina Sans
Satz: Buch-Werkstatt GmbH, Bad Aibling
Druck und Bindung: CPI – Clausen & Bosse, Leck
ISBN 978-3-462-04058-6

Inhalt

Vorwort
Warnung
Mise en garde

Der Leser muss informiert werden dass er nicht mehr die Chance haben wird die folgenden Texte in originale Fassung zu lesen. Obwohl ich mit Blut und Schweiß diese Buch auf Deutsch ganz und selbst geschrieben habe, der Verlag hat mir ein Übersetzer am Verse geklebt. Ein Bio Mineral Wasser Trinker … Ich hätte natürlich mich ein andere Verlag suchen können, nun, der da, hat hoffensichtlich eine ziemlich gute Ruf. Was soll? Als Immigrant, du lernst vorsichtig zu sein. Wie sagt meine Oma Mamie Cocotte: il ne faut pas lâcher la proie pour l'ombre. Das bedeutet: man muss nicht los lassen die Beute für der Schatten.

Auf jeden Fall der Leser hat gerade verpasst die Gelegenheit zu überprüfen dass die deutsche Sprache ohne Deklinationen und mit trennbar Verben wiedervereinigt auch sehr gut funktionieren würde!

Die Autorin

Ergänzende Bemerkung

Na, alles verstanden, lieber Leser?

Und jetzt stellen Sie sich das mal bitte in Buchlänge vor. Nach dieser Lektüre – um nicht zu sagen: Gehirnwäsche – hätten Sie unter Garantie umgehend einen Kurs »Deutsch für Ausländer« belegen müssen, um in *etwa* wieder auf Ihr altes Sprachniveau zu kommen. Das wollte ich Ihnen nicht zumuten. Vor Ihnen liegt deshalb eine überarbeitete, um nicht zu sagen: übersetzte Version. Ein paar Fehler sind aber drin geblieben. Sie werden sie finden.

Der Übersetzer

P.S.: Hätte ich der Autorin nicht einen winzigen Tipp gegeben, hätte sie im Vorwort wieder »mit Blut und Schweiz« geschrieben. Jede Wette.

P.P.S.: Und was ist bitte schön dagegen einzuwenden, sein Wasser im Bioladen zu kaufen? Das soll mir die Autorin mal erklären!

Das läuft nicht so gut an mit der deutschen Sprache

Als Immigrant in Köln

Ab jetzt werde ich nur noch »Stück« sagen. Wie oft habe ich mich das gesagt; wiederholt und versprochen.

Als ich den Fehler zum ersten Mal gemacht habe, bin ich ziemlich rot geworden, glaube ich. Das war 1993, im Supermarkt. An der Fleischtheke. Die Metzgerin und die andere Kunden lachten sich kaputt, die hatten Humor. Ich war ein bisschen böse. Ja gut, es war mein Fehler. Ich fand ihn aber gar nicht mal *so* absurd. Das hätte ich den anderen auch gerne gesagt. Doch für eine so subtil Argumentation war meine Deutsch einfach zu schlecht. Also nahm ich mir vor, dass mir nicht noch einmal passieren sollte so etwas. Ist es dann aber doch. Und zwar nicht nur im Supermarkt.

Ein paar Woche später saß ich mit Andreas, mein Freund, am Frühstückstisch, eine perfekt Gelegenheit, um auszuprobieren ein paar Sätze in diese komische Sprache. Mein Freund ist deutsch. Deswegen gibt es morgens schon Wurst zu essen. Ich ließ meine Trainingsprogramm ganz ruhig anlaufen, erst einmal eine ganz simple Frage, zum Warmwerden.

»Willst Du ein Yahourt?«
Er sagte Nein.
Er hatte mich verstanden.

Ich traute mich, einen schwierigeren Satz zu bauen.

Ich zeigte die Mortadella und legte los.

»Willst Du eine Scheide? Sie ist ganz frisch und zart, genau wie Du Sie magst ...«

Verdammt. Jetzt war es wieder passiert.

Mein Freund schaute mich an. Dann begannen seine Gesichtsmuskeln, sich unkontrolliert in Bewegung zu setzen. Keine Frage, er versuchte, sich zu beherrschen. Mir zuliebe. Sehr nett. Aber nein, er schaffte es nicht. Da unterschied er sich leider kein bisschen von die Kunden im Supermarkt.

»Was hast Du eben gesagt?«, brüllte er. »Was war das?«

Das läuft nicht so gut an mit der deutschen Sprache, dachte ich mir. Aber warum heißt es »Scheibe« und nicht »Scheide«? Man sagt ja auch »scheiden« und »schneiden«. Und nicht »scheiben« und »schneiben«. Ah! Bitte schön! Darüber sollten die Deutsch mal nachdenken. Und sich fragen, wer hier denkt unlogisch. Auf die Erklärungen der Metzgerin und ihrer sauber Kundschaft wäre ich jedenfalls gespannt. Aber wie gesagt, für feingeistige Gespräche ich fühlte mich noch nicht reif. Ich musste unbedingt daran denken, »Stück« anstatt »Scheibe« zu sagen.

Damals fuhr ich oft an der Rhein entlang, Richtung Dom, mit meine schwarze Fahrrad. Das machte ich immer, wenn meine Gehirn brauchte ein bisschen frische Luft, damit es über meine Lage nachdenken konnte.

Wir haben da also eine Französin, 30 Jahre alt, seit ein paar Monaten in Köln. Lebt mit ihrem deutschen Freund zusammen, der perfekt Französisch spricht. Arbeitet nicht. Das wirft Fragen auf. Wie wird sie sich in die Gesellschaft integrieren? Ist es überhaupt möglich? Welche Vorteile hat sie als französische Immigrant? Welsche Klippen muss sie unbedingt vermeiden? Für den ein oder anderen Lösungsvorschläge wäre die Französin wirklich dankbar.

Meine deutsche Geschichte hatte in Frankreich angefangen, an der Atlantikküste, ungefähr ein Jahr vor dem Vorfall im Supermarkt. Ich arbeitete damals für eine Band, die gerade einen Vertrag bei eine große Platte-Firma unterschrieben hatte. Für mich stand fest: Das konnte der Anfang eines großen Abendteuers sein. Seit ein paar Monate hatte ich meine Wohnung in Paris untervermietet, nach zehn Jahren war ich in meine Heimat zurückgekehrt, nach Dax, wo ich aufgewachsen war und meine Familie noch immer lebt. In Paris hatte ich alles mögliche gemacht: vage studiert, in einer Kommunikationsagentur gearbeitet, Telefonmarketing, ich war sogar Produktionsassistentin bei einem LKW-Crossrennen. Am meisten motiviert war ich aber zu beobachten das Leben auf die *butte Montmartre*. So oft ich konnte, verbrachte ich Stunden in *la Travaille*, dem kleinen Souvenirladen von Marie-France, der Tante meines alten Freundes Bruno, der nebenan in einer Crêperie *le Tire bouchon* kellnerte, um sein Studium zu finanzieren. Wenn er endlich Feierabend hatte, feierten wir den Rest der Nacht auf die *butte*.

In Dax lebte ich mit den Musikern zusammen in einem großen Haus und gab mein Bestes, damit die Band Erfolg kriegt. Ich leitete ihr Tonstudio als Geschäftsführerin, organisierte für sie Showcases und vieles andere mehr. Alles lief gut, besonders in Deutschland. Zum Showcase in Biarritz wurde deshalb eine deutsche Delegation von der Platte-Firma erwartet. Et voilà ... so habe ich meinen Freund kennengelernt. Aus den Geschäfts- wurden immer öfter Privatreisen. Doch kaum war es mit der Band richtig losgegangen, war alles auch schon wieder vorbei. Die Musiker stritten sich heftig und schmissen alles hin. Von eine Tag auf den anderen war mein Abendteuer im Musikgeschäft beendet.

Natürlich hätte ich ohne weiteres nach Paris zurückgehen und mir ein neu Job in der Kommunikationsbranche suchen können. Kein Problem. Und diese Möglichkeit hatte ich immer noch, sollte die Metzgerin im Supermarkt sich doch über mich lustig machen, so oft und so laut sie wollte. Das beruhigte mich. Aber irgendwie ... diese Situation gefiel mir. Ich sprach kein Deutsch, mein Englisch war bemitleidend, mit meine Fahrrad ich betrachtete eine Stadt, die mir fremd war, und fragte mich: Bist Du fähig, Dir eine kleine Sch ... ein kleines Stück von dieser unbekannten Welt zu erobern?

Warum suchte ich keinen Job in ein Kneipe oder in einem Fastfood-Laden? Das wäre schon ein Anfang ... ein bisschen Geld und gratis Sprache-Unterricht. Klar, das Problem ist nur: Ich habe keinen Bock. In den Kneipen, wo ich gerne bin, sind die Mädchen 20, laufen bauchfrei rum und zeigen ihr Piercing im Nabel: no Chance. Ich war keine 20 mehr. Und nicht mehr die, ich mit 20 einmal gewesen war. Und Fastfood? Solche Jobs habe ich nicht einmal in Frankreich gemacht.

Ja, aber, meine Liebe, sagte ich zu mir selbst: Du bist Immigrant und keine »de Luxe«! Nach mehreren Monaten Du kannst immer noch nicht flüssig »Entschuldigung«

oder »ohne Kohlensäure« sagen. Und an der Fleischtheke und am Frühstückstisch läuft es ja offenbar auch
nicht so richtig rund.

Ich blieb. Und ich lernte dazu.

14 Jahre später war meine Schwester Catherine mal wieder in Köln zu Besuch. Zusammen feierten wir Andreas
Geburtstag. Andreas und ich waren da schon lange nicht
mehr zusammen, aber dicke Freunde geblieben. Am Tag
vor der Party ging ich mit Catherine in den Supermarkt.
Als wir zum Ort meiner ersten großen Niederlage kamen,
demonstrierte ich meinen neuesten Trick: Ich zeigte auf
den Schinken und sagte stolz »dreimal bitte«. Ja, meine
Deutsch hatte Fortschritte gemacht.

Auf Französisch erklärte ich meiner Schwester, dass
ich gerade eine Situation perfekt gemeistert hatte, die
für mich früher sehr, sehr heikel gewesen war. Ich erzählte von meiner kleinen Verwechslung und davon,
was *ein* falscher Buchstabe für fatal Folgen haben kann.
Und schon … lachte wieder jemand. Es war nicht meine
Schwester, sondern die Frau hinter uns. Eine Französin.
Sie sagte:

»Genau das ist mir auch passiert.«

Na bitte. Es lag wirklich an der deutschen Sprache.
Und nicht an mir.

Les Bürdenskis

Deutsche Nachbarn singen Weihnachtslieder

Als ich acht war, ließen sich meine Eltern in Moliets ein Ferienhaus bauen. Moliets liegt am Atlantik, ein Ort, der von vielen Tourist besucht wird. Bis zu unserer kleinen Stadt Dax sind es 30 Kilometer, bei jedem Ausflug dorthin hatten meine Schwestern und ich das Gefühl, als blickten wir durch ein Fenster auf eine andere Welt und eine andere Kultur.

Unser Haus war eines der ersten in eine neue Siedlung. So richtig fertig wurde es nie: Es war groß, und meine Eltern machten viel selbst. Ich fand es ein bisschen 'ässlich, weil es dort nicht einmal Tapeten an die Wände gab. Aber das hätte ich nie gesagt, denn meine Mutter hat uns oft erklärt, dass wir im Gegensatz zu vielen anderen Kindern großes Glück hätten.

Dieses Glück galt nicht nur im Sommer. Natürlich wollten die Eltern das Haus auch im kalten Winter nutzen, obwohl da keine Mensch mehr ist. Ein paar Tage vor Heiligabend sah meine Mutter auf der Straße, die zu unserem Haus führte, eine Familie kommen. Die wollte zu uns. Anders konnte es nicht sein, denn sonst war da ja niemand. Nur wir.

»Pierrot! Guck mal, ich glaube, die Deutschen aus dem neuen Haus kommen uns besuchen. Mädchen, bringt schnell das Wohnzimmer in Ordnung!«

Mein Vater, der Pierrot, guckte schnell am Fenster und schrie:

»Was? Ich will kein Boche zu Hause! Ich werde die rausschmeißen!«

Meine Mutter ignorierte ihn und sagte, er solle sich lieber auf die Stelle ein frisches Hemmt anziehen.

»Ich warne Dich, geh mir nicht auf die Nerven«, antwortete er. »Ich verschwinde jetzt, und wehe, Du rufst mich.«

Papa raste Richtung Schlaffe-Zimmer und schloss sich im Badezimmer ab.

Oh mein Good, was würde jetzt passieren? Ich wusste, mein Vater hasste die Deutsche aus Prinzip. Schon klopfte es an der Tür, meine Mutter öffnete sie mit einem breiten Lächeln. Alle kamen sie nun herein, zuerst der Vater, ein riesiger Mann mit blauen Augen und vorspringenden Backenknochen. Er wirkte sehr deutsch und nahm sofort viel Platz im Zimmer ein. Dann die Mutter, auch sie hatte blaue Augen, war deutlich größer als Mama. Und zwei Söhne. So etwas von blond!

»Bonjour, nous sommes la famille Bürdenski, Ihre neue Nachbarn, wir wollen uns vorstellen und Ihnen ein frohes Weihnachtsfest wünschen …«, sagte der Vater, und das alles im perfekten Französisch. Meine Mutter antwortete übertrieben freundlich, mein Magen machte gerade ein paar Knoten, denn ich fürchtete, dass mein Vater gleich wieder auftauchen würde, um riesige Skandal zu machen.

»Setzen Sie sich bitte, ich hole schnell meinen Mann«, sagte Mama und verschwand schon im Flur. »Pierrot? Kommst Du bitte? Wir haben Besuch.«

Ich wartete, ich wartete. Ich starrte die Flurtür an. Und dann, drei Sekunden später: Auftritt mein Vater. Mit seinem schönsten Gesichtsausdruck und seinem alten T-Shirt. Ich liebte ihn so sehr. In den Augen meiner Schwester Catherine sah ich Erleichterung. Herr Bürdinski und die anderen standen sofort wieder auf, um Papa zu begrüßen. Diese Art von Höfflichkeit wusste Papa schon immer sehr zu schätzen. Ein guter Start.

Ein paar Minuten später hatten wir alle etwas zu trinken. Mein Vater und Walter, das Familienoberhaupt, redeten viel, wir anderen hörten zu. Die Bürdenskis kamen aus Frankfurt. Er hatte früher als Richter gearbeitet, mittelweile war er Rentner. Papa erzählte kurz von seiner kleinen Sanitärfirma. Walters Frau Gudrun, eine Ärztin, war deutlich jünger und sprach genauso gut unser Sprache wie ihr Mann. Für die zwei Kinder, die kein Französisch verstanden, musste das alles sehr langweilig sein. Der ältere hieß wie sein Vater Walter und war fast zwei Jahre älter als meine große Schwester Sylvie. Jürgen, sein Bruder, war ein Jahr jünger als ich. Wir guckten uns ein bisschen um die Ecke an, sie wirkten total anders als alle meine Freunde. Jürgen war sehr gehemmt und beobachtete aufmerksam seine Schuhspitzen. Die Winterkollektion war übrigens deutlich besser als die im Sommer. Ich vermutete, dass er wie alle andere Deutschen in Moliets diese 'ässlichen Sandaletten für Behinderte trug, sobald es nur warm genug dafür war.

Sehr plötzlich stand Walter auf, befolgt von die drei anderen. Schon schüttelte er die Hand meines Vaters und lud uns für morgen Abend bei ihm zu Hause ein. Wir könnten dann doch deutsche und französische Weihnachtslieder und Weihnachtsgedichte miteinander teilen, wäre das nicht schön? Ich sah, dass meine Vater unter Charme war. Das Entsetzen in unseren Gesichtern ignorierte er komplett.

Als die Bürdenskis gegangen waren, herrschte bei uns

große Aufregung. Wir waren alle begeistert von unsere Nachbarn. Papa war allerdings böse, inzwischen war ihm klar geworden, dass wir gar keine Lieder und Gedichte kannten. Das machte einen gemeinsamen Auftritt unmöglich. Ob ich nicht zumindest *Petit Papa Noël* singen könnte, wäre das möglich, hm?

»Papa, ich bin keine drei Jahre mehr!«

Unglaublich. Vor einer Stunde hatte er die Bürdenskis unter keinen Umständen kennenlernen wollen, und jetzt waren wir die letzten Diebe, nur weil wir uns weigerten, wie drei lächerliche Marinonette Lieder zu singen, die wir sowieso nicht kannten.

Der Tage danach waren wir eine Familie auf der Straße, die freiwillig und mit Begeisterung mal eben ging besuchen eine Familie seines ehemaligen Feindes. Mein Vater trug sein schönstes Hemmt und eine Flasche Wein, meine Mutter hatte einen Kuchen gebacken, und Catherine und ich ärgerten Sylvie, weil wir ganz sicher waren, dass sie am jungen Walter interessiert war. Es war spät am Nachmittag, das Haus der Bürdenskis strahlte geradezu im Dämmerlicht. Klar, das lag am Weihnachtsbaum, der vor der Haustür stand, voll Licht und voll Farbe, so dass wir alle Sprach los waren. Wenn bei uns draußen Weihnachtsbäume standen, dann nur vor Rathäusern oder Kirchen, auf gar keinen Fall vor einem Privathaus. Die Bürdenskis empfingen uns super freundlich, man fühlte, dass auch sie aufgeregt waren.

Ich starrte das Wohnzimmer an. Mit Tapete. Das war jetzt aber mal wirklich ein schönes Ferienhaus. Und die Möbel waren neu, nicht wie bei uns, bei uns standen lauter alte Stücke, die sich meine Mutter von der ganzen Familie hatte geben lassen. Ich verstand nicht, warum sich so reiche Leute im Winter in Moilets vergraben, am statt Ski fahren zu gehen.

Oh mein Good! Noch ein Weihnachtsbaum, riesig groß und mit echte Kerzen geschmückt, mit echten Flammen! So etwas hatten wir bislang nur in Filmen gesehen. Oder im Märchenbuch, bei *Alice au pays des merveilles*. Wenn die Bürdenskis eine Tochter gehabt hätten, dann natürlich eine mit langen blonden Haaren, und sie würde ein blaues Kleid mit einer breiten Schleife am Rücken tragen.

Papa analysierte die Zange, die die Kerze hält. Er interessierte sich generell für Deko, viel mehr als meine Mutter, die sich von Gudrun durch das Haus führen ließ. Wir hatten ihnen gestern nicht unser Haus gezeigt, bei uns macht man so etwas nur bei Verwandten oder engen Freunden.

Schließlich setzten wir uns alle in den Salon. Auf dem Tisch standen Schalen mit – natürlich – selbst gemachten Plätzchen und Lebekuchen. Die Plätzchen waren lecker, aber die Lebekuchen scheußlich. Nun, was sollte ich machen, ich musste sie leider bis zum letzten Krümel essen. Panik! Gudrun kam aus der Küche mit einer komisch Rolle, schwarz mit viel weißem Zuckerpuder drauf. In der komisch Rolle gab es viele Rosinen, ich wusste, ich würde sterben. Rosinen, c'est nul! Ich werde sie diskret ausspücken müssen. Doch das konnte ich niemandem antun, den Bürdenskis nicht und Papa erst recht nicht.

Papa fragte Walter schließlich, warum sie sich ausgerechnet unsere Gegend für ihr Ferienhaus ausgesucht hatten. Walter antwortete, dass er die Küste aus dem Krieg kennen würde, er sei Soldat gewesen und habe sich versprochen wiederzukommen.

Da war die Ende. Also, ich war nur acht Jahre alt, aber ich wusste ganz genau: Es war absolut inakzeptabel, dass Walter sich erlaubte, über den Krieg zu sprechen. Sie waren die Bösen. Und wir waren die Netten! Sie hatten uns angegriffen, und zwar nicht nur einmal, sondern zweimal. Oder vielleicht sogar dreimal! Der alte Onkel Jules, den ich so liebte, hatte im Krieg gegen die Deutschen gekämpft. Und Walter war bei uns als Soldat gewesen? Dann hatte er vielleicht Franzose erschossen! In ein paar Sekunde würden die Kerze durch die Gegend fliegen, ich kannte mein Vater, ja genau: Das Haus würde brennen!

Nein, es passierte gar nichts. Nach einer kurzen Weile wagte ich es, meinen Vater anzugucken. Sein Blick war sehr intensiv, er fragte nach ... und fragte nach, und Walter erzählte über diese Zeit. Die zwei Männer sprachen, guckten sich immer noch sehr intensiv an. Gerade noch hatten die Mütter sich darüber unterhalten, wie man vermeiden konnte, dass Rosinen im Teig versinken. Jetzt hatten sie aufgehört zu sprechen. Und hörten zu.

Ich wusste, dass wir einen ungewöhnlich und bedeutend Augenblick erlebten, das hatte was mit Messe-Stimmung zu tun. Irgendwann, mein Vater sagte etwas in die Richtung: »Aber Good sei Dank, das ist Vergangenheit.«

Wieder stand Walter sehr plötzlich auf. Er platzierte sich vor den Weihnachtsbaum. Seine Frau und seine Kinder stellten sich drumherum, und Gudrun erzählte, was für Lieder und Gedichte wir hören würden. Wir waren verblufft. Natürlich verstanden wir kein Wort, aber sie waren alle so süß und so diszipliniert, sie schämten sich nicht einmal, obwohl sie bestimmt wussten, dass sie nicht so toll sangen, vor allen Dingen der Vater nicht. Die Familie Licard war begeistert. Großer Applaus, am Ende stand mein Vater auf und schrie: »Bravo, bravo!«

Die Bürdenskis sind sehr klasse und verstanden sofort die Erklärungen von meine Mutter, dass es diese Tradition bei uns überhaupt nicht gab und wir uns leider nicht revanchieren konnten. Papa sah verzweifelt aus. Er guckte noch mal in meine Richtung, doch ich schaute ihn nicht einmal an. Er nervte mich. Sollte er doch *Petit Papa Noël* singen, ich würde ihn nicht daran hindern.

Beim Abschied versuchte Sylvie, ein, zwei englische Wörter mit dem jungen Walter zu tauschen, die Mütter umarmten sich genau wie die Väter. Ich wusste nicht, von wem die Initiativ ausging. Wir Kinder blieben ein bisschen zurück, ich vermied den Blickkontakt mit Jürgen. Na gut, er kam vor, gab mir seine Hand, wusste wohl nicht, dass in Frankreich wir küssen uns. Meine Mutter gab ihm seinen ersten Unterricht. Prompt wurde er rot.

Wieder waren wir eine Familie auf der Straße, und alle waren wir ganz aufgeregt von unserem kleinen Abenteuer. Papa ganz besonders. Diese Deutschen, wie toll sie Weinachten feierten! Nicht so wie wir! Was für eine tolle Tradition sie hatten. Wir sollten uns schämen, dass wir nicht in der Lage gewesen seien, eine Lied oder ein Gedicht … Mein Mutter lachte und lachte immer lauter und sagte zu meinem Vater, dass sie den Typen nicht wieder erkennen würde, der sich einen Tag zuvor noch im Badezimmer abgeschlossen hatte. Jetzt lachten wir alle. Außer Papa.

Wir hatten noch drei, vier Jahre lang eine schöne Zeit mit den Bürdenskis. Im Sommer darauf haben sie uns gezeigt, wie man nachts am Strand ein riesiges Feuer machen kann. Wir Kinder haben mit Taschenlampen Holz gesammelt, während die Mütter Kartoffeln in Alufolie wickelten. Walter und Pierrot waren für das Feuer zuständig. Sie ließen uns deutsche Wurst probieren, die mehr oder weniger mit unseren *saucisse de Strasbourg* vergleichbar waren. Am Ende haben wir dann alle gesungen, egal was, jeder in seiner Sprache. Und als das Feuer quasi tot war, sprangen wir darüber hinweg.

»Oh pardon, aber mein Englisch ist auch nicht besser«

Neue berufliche Herausforderungen

(von den sprachlichen ganz zu schweigen)

Was für ein Glück! Ich durfte bleiben.

Man hatte mir einen kleinen Tisch organisiert, einen Stuhl – ziemlich bequem – und ein Telefon mit vielen Tasten. Alles brandneu.

Es war sowieso alles neu. Die Firma hatte dieses Büro erst vor zwei Monaten bezogen und bereitete hier eine neue TV-Show vor.

Am Anfang war ich da, um Tische, Stuhle und anderen Kram zu bauen. Sie hatten Leute wie mich nötig: nicht unbedingt qualifiziert, aber bereit für alles. Mein Problem war: Ich war so etwas von unqualifiziert, dass ich nicht einmal ihre Sprache verstand. Aber das war offensichtlich nur für mich ein Problem. Erstens sprachen viele Kollegen passabel Französisch, und zweitens fanden es die meisten offenbar total normal, dass eine Französin kein Deutsch kann, und Englisch übrigens auch nicht.

Ich war deswegen fast ein wenig beleidigt. Ich kenne viele Franzosen, die ganz gut Englisch sprechen. Na gut, vielleicht nicht in meinem engsten Freundeskreis, aber wirklich: Wenige sind es nicht.

Ich selbst war schon immer eine Flasche für Fremdesprachen gewesen. Natürlich hatte ich wie jedes Kind in Frankreich mit zwölf angefangen, in der Schule Englisch zu lernen. Aber ich hatte es sofort gehasst. Es war so schlimm, dass ich für mein Abitur die Fächer getauscht hatte, um Spanisch schriftlich zu haben und um gar keine Englisch-Prüfung machen zu müssen. Im Job funktionierte es mit der Verständigung trotzdem ganz gut. Es war natürlich ein bisschen ermüdend, den ganzen Tag »Wie bitte?« zu sagen oder »Ich verstehe nicht so gut …« oder »Oh pardon, aber mein Englisch ist auch nicht besser«. Aber peu à peu, ich verstand neue Begriffe: »Schraube«, »tragen«, »falten«, ja, nach ein paar Tagen ich probierte sogar Sätze zu bauen. Die meisten fingen mit »ich mochte gerne« an, daran konnte ich dann ein Verb kleben, wie zum Beispiel »wissen«, »fragen« oder »trinken«. Es war wirklich super praktisch, dieses »ich mochte gerne«.

Mir gefiel in der Firma besonders die Stimmung. Diese neue Show war sehr erwartet und der Moderator sehr bekannt; er würde moderieren ein *Late Night Show à l'américaine*. Die Produktionsabteilung war zu dieser Zeit besonders schwer beschäftigt. Sie musste die neuen Büros und die Bühne ausstatten, alles mögliche besorgen – vom roten Sofa für das Büro des Moderators bis hin zum Klopapier –, die Reisen für die ersten Showgäste buchen und ihre Gagen überweisen. Von dieser Abteilung bekam ich meine Orders, und es war das erste Mal, dass ich den Begriff »Abteilung« hörte. Er gefiel mir sofort. Ich finde ihn heute noch vornehm und praktisch, er ist angenehm im Mund, und er hat ein schönes Gleichgewicht. Ja wirklich, »Abteilung« ist einer meine Lieblinge in der deutschen Sprache. Ich wusste schon damals, dass ich das Wort sehr oft benutzen würde. Öfter als die Deutschen.

Ich war einen Monat da, als der Moderator hinzukam. Ich war mittelweile in der Requisiten-Abteilung beschäftigt, denn die Stuhle und Tische waren längst alle gebaut. Claudia, die Chefin, konnte leider kein Französisch, aber wir kamen gut zurecht. Einmal sagte sie:

»Sie möchten, dass Du eine Ziege abholst mit einem Lieferwagen. Kannst Du einen Lieferwagen fahren?«

Ja klar, konnte ich! Ich hatte schließlich vorher in einer Kommunikationsagentur gearbeitet, die hauptsächlich für *Emmaüs France*[1] tätig war. Und ich vermute mal, wenn man *l'Abbé Pierre*, unseren Nationalhelden, den Gründer von *Emmaüs*, den Lieblingsfranzosen der Franzosen, wenn man also diese Legende rund um *l'Arc de Triomphe* und quer durch Paris gefahren hat, man kann auch eine Ziege am Kölnische Ring fahren.

Ich war auch beim ersten Dreh dabei. Ich half Claudia, alle Requisiten in ihrem Auto zu sammeln, dann fuhren wir zum Drehort. Dort fragte sie mich, ob ich eine Bürste aus dem Auto holen könnte.

»Eine was? Wie bitte? Eine Brust? Was ist eine Brust?«

Das ganze Team – Kameraleute, Ton-Ingenieur, Kostümiere – schauten mich an und warteten offenbar darauf, was sich dieses lustige Gemüse wohl als nächstes einfallen lassen würde. Dann fing der Moderator an zu lachen. Und er antwortete – ganz cool, sehr langsam – auf Französisch mit einem nachgemachten Akzent:

»Je crois elle veut tu portes une Bürste …eine brosse? Pour nettoyer, la tissu … tu comprends?«

Natürlich verstand ich, wenn man Französisch mit mir sprach …

Nach diesem kleinen Vorfall sahen der Moderator und ich uns oft in der Teeküche. Während ich aufräumte, plauderten wir und lachten. Er mochte meine Sprache. Er hatte der Niveau, sogar Witze auf Französisch zu machen.

Eines Tages fing der richtige Mitarbeiter der Requisiten-Abteilung in der Produktion an. Er hatte sich von seinem bisherigen Arbeitgeber befreit und war bereit für seinen neuen Job. Toll. Für mich allerdings nicht. Was sollte jetzt aus mir werden? Man brauchte immer weniger eine Mädchen für alles. Ich war in Gefahr. Ich konnte mich von eine Sekunde auf die andere zu Hause wiederfinden, um dort der gekochte Gemüse zu spielen.

Ich räumte immer öfter die Teeküche auf, sie glänzte viel mehr als bei mir zu Hause, denn eigentlich hasse ich Putzen. Außerdem sammelte ich alle Papierkörbe ein, um wichtige Dokumente zu vernichten. Das war die neue Marotte von einer Chefin der Produktion, und ich nutzte sie kräftig aus. Ich wusste allerdings ganz genau: Lange würde ich mich nicht mehr mit solchen Tricks halten. Man würde mir von einer Sekunde auf die andere mitteilen:

»Danke Nathalie, das war ganz nett mit Dir, aber wir brauchen Dich nicht mehr.« Und was könnte ich darauf antworten?

»Oh ja, ich verstehe, danke für diese tolle Erfahrung und für Ihre Geduld.«

Ich fragte mich jeden Morgen, wie lang wirst du die Chance haben für diese Show zu arbeiten. Na gut, heute kenne ich natürlich die Antwort: Ungefähr zehn Jahre.

Aber dann kam der Tag, an dem ich den kleinen Tisch, den Stuhl und das Telefon mit den vielen Tasten in Besitz nahm. Und der Produzent sagte zu mir, ganz ruhig und – ich schwöre! – ohne zu lachen:

»Nathalie, ab jetzt wirst Du in der Telefonzentrale arbeiten.«

Telefonzentrale.

Ich war verblüfft. War er verrückt geworden oder was? Wie sollte ich bitteschön mit meinen 20 Wortschatz-Stücken am Telefon antworten? Klar, ich wusste, dass wir alle hier für eine lustige Sendung arbeiteten, aber … Ich war beinahe soweit zu protestieren, aber dieser Kerl war keine Pflaume, er wusste genau, wie ich sprach. Es war ganz klar: Es ging darum, mir ein Geschenk zu machen. Er gab mir die Möglichkeit, dieses tolle Abendteuer weiter zu erleben.

Ich hätte überall springen und meine Freude schreien können. Ich hätte ihn drücken und küssen können, auf seine zwei Backen und auf sein Stirn. Doch ich blieb lieber schlicht und sagte ein leises:

»Merci.«

Er verstand.

Er konnte auch Französisch.

<hr>

[1] Emmaus: Wohltätigkeitsbewegung, die 1949 von Abbé Pierre ins Leben gerufen wurde.

Was Deutsche von einer Französinne wissen wollen
(mit Antworten!)

»Was schockiert Dich in Deutschland?«

(1) »Die Art der Bewerbungen. Ich bin absolut entsetzt, dass die junge Leute die berufliche Lage ihrer Eltern beschreiben sollen. Wenn du schreiben kannst: ›Mama ist Ministerin, Papa Arzt‹, ich vermute, es ist einfach. Aber was schreibst du, wenn dein Vater seit Jahren Arbeit los ist und deine Mutter gerade mit 45 Jahre wieder ihren alten Job angefangen hat als Tänzerin in ein Bordell? Also, du bist jung, Hoffnung voll, du träumst von einer schönen Zukunft, einer deiner ersten Gesten ist, eine Bewerbung zu schicken … Mist! Du musst deinen Stammbaum zeigen! Dich wegen deine Eltern schämen und dir Gedanken machen für die passende Lüge. ›Hm, für Papa schreibe ich Rentner und für Mama … Kommunikationsagentin vielleicht … Öööh, nee … Doch Tänzerin? Nein, in ihrem Alter, man versteht sofort. Vertreterin von Dessous? Nein, nein. Lieber: Vertreterin von weibliche Klamotte!‹«

(2) »Ab Freitag Mittag darfst Du nicht mehr krank werden bis Montag, weil kein Arzt ist mehr zu finden.«

(3) »In einem deutschen Supermarkt habe ich das Gefühl, dass ich in die Dritte Welt bin. Was ist denn das für ein miserable Auswahl, es gibt nix! Warum akzeptiert ein so reich Land, wo die Leute so gerne essen und ganz gut kochen, so eine miese Auswahl? Ich habe gehört, dass die deutsche Lobby-Industrie in dieser Branche sehr aktiv ist und sich sehr stark schützt vor ausländische Produkte. Ist das der Grund? Bei uns gibt es riesige Supermärkte, und wenn Du rein trittst, es ist so wie eine Schatzkammer.

Warum, bitte schön, gibt es keine Fisch-Abteilung in einem deutschen Supermarkt, oder nur in den sehr edeln? Warum ist die Abteilung mit den tief gefrorenen Produkten so arm? Bei uns findet man unterschiedliche *Tartes salées: poireaux-saumon, crevettes-noix de Saint-Jacques, poireaux-emmental, quiche lorraine.* Das sind nur mein Lieblinge, es gibt aber noch viel mehr. Man kann auch Gerichte wie *escargots à la bouguignonne* kaufen, *colin à l'oseille,* alle mögliche Fische und Meer-Früchte in großen Plastik-Tüten und Spezialitäten aus der Küche aller Länder: Moussaka, Couscous, *brandade de morue, pequillos de morue,* Paella und asiatische Köstlichkeit.

Sogar die Dosen können köstlich sein, *petit salé au lentille, cassoulet au confit de canard;* ganz zu schweigen von den besonders edlen Varianten aus Glas mit *poulet basquaise* drin oder *navarrin d'agneau, axoa, garbure, chipiron basquaise, saucisses confites.* In Deutschland habe ich mich noch nie getraut, eine Dose zu kaufen. Mir reicht schon der Anblick der Etiketten. Darauf sind meistens barbarische Mischungen aus dicken Gemüse-Stücken zu sehen, die à la Schlompe geschnitten wurden.

In Frankreich findet man auch leckere Suppen in Tetra Pack, sie sind viel leckerer als Tütensuppen und sind super praktisch, wenn man schnell etwas zuhause essen will. Auch hier ist die Auswahl riesig: *neuf légumes, neuf légumes à la crème fraîche, pois cassés, douceur d'épinards au Boursin, pommes de terre-poireaux-lentilles* (das ist eher für Winter), *soupe savoyarde mit pommes de terre-raclette.* Oder das hier! *Potiron-châtaignes, tomates-courgettes-thym, velouté de cresson, fondue de poireaux aux Saint-Jacques, carottes-coriandre, tomates-oignons-basilic, tomates-céleri,* natürlich auch *soupe de poissons* und so weiter, und so weiter. Das beste ist, dass man damit B6-, B9- und sogar C-Vitamin isst! So ist es auf die Packung geschrieben.

Die Keks-Auswahl? Riesige! Es gibt in der frische Abteilung jetzt sogar manchmal Macaron! Das ist zur Zeit die Liebling-Backwaren den Franzose.

Alle Deutsch, die französische Supermärkte besuchen, sind unter Charme, das habe ich oft genug überprüft. Wie oft haben Kollegen, die gerade in Frankreich Urlaub gemacht hatten, zu mir gesagt: ›Du hast Recht. Ich dachte immer, dass Du übertreibst, aber nach diesen paar Tagen ich verstehe jetzt, was Du meinst!‹

Es gibt auch viele Bio-Produkte. Nur Bio-Mineral-Wasser, da bin ich mir nicht ganz sicher.«

Der Telefon-Joke
Deutscher Arbeitsalltag: komplizierte Nachnahmen, schlimme Schnitzel

Vielleicht war ich an diesem Vormittag einfach viel zu gut gelaunt. Vielleicht war aber auch der Anrufer viel zu gut gelaunt. Vielleicht lag es an uns beide. Als das Telefon klingelte und ich abnahm die Hörer, ahnte ich jedenfalls nicht, dass ich auf einen der peinlichsten Augenblicke in meine beruflich Laufbahn zusteuerte.

Wir waren drei im Zimmer. Von meinem Schreibtisch hatte ich die beiden anderen immer im Blick: Petra, die Assistentin des Hauptproduzenten, und Irmi, die in der Firma schon alles mögliche gemacht hatte. Im Moment war sie Leiterin der Pressestelle. Petra, eine kleine Rothaarige, war laut. Sie sprach laut, sie lachte laut, und sie lachte viel, wenn sie uns aus ihrem privaten Leben erzählte. Das machte sie gerne, ich könnte noch heute die Nahmen ihrer Geschwister, ihrer Mutter und ihrer Nichte nennen. Das Erstaunlichste daran war, dass Petra überhaupt ein privates Leben hatte. Sie arbeitete nämlich so viel und so lange wie ihr Chef, oder anders ausgedrückt: Sie wohnte quasi im Büro. Die kurzhaarige Irmi war viel zurückhaltender als Petra. Aber wenn wir über die Liebe und von lustigen Dingen erzählten, machte sie mit. Und wenn ich von meinem Land sprach, dann hörten beide zu und stellten viele Fragen. Petra und Irmi waren beide jünger als ich. Aber weil ich immer noch dabei war, ihre Sprache zu lernen, fühlte ich mich oft wie eine kleine Mädchen.

Bei uns gab es sehr viel Verkehr. Von jeder Abteilung kamen Leute zu uns und fragten nach Büromaterial oder einem Kurierdienst, der ganz dringend etwas abholen sollte.[1] Ja genau, eigentlich war immer irgendetwas ganz dringend. Alle hatten gute Laune, die Sendung hatte vor ein paar Wochen angefangen, und in den Zeitungen standen viele Artikel über uns.

Was mir auch gefiel: Meine Kollegen waren sehr franzosenfreundlich. Jeden Tag besuchten sie mich an meinem Schreibtisch, um ein paar Worte mit mir zu tauschen. Und das keineswegs auf Deutsch.

»Ach, es ist so toll, mit Dir mein Französisch üben zu können«, sagten sie. »Ich hoffe, das stört Dich nicht, weil eigentlich … Du musst ja auch Deutsch lernen …«

Nee, nee, das störte mir gar nicht. Wenn dass die ganze Firma so gemacht hätte, ich wäre überglücklich gewesen.

Ich habe diesen Appetit, eine Fremdesprache zu üben und dafür alle Möglichkeiten zu greifen, in Deutschland schon oft beobachtet. In Frankreich gibt es das gar nicht. Sobald wir einen Fremden vor uns haben, erwarten wir, dass er Französisch spricht. Und wenn er Englisch spricht, die Antwort ist oft auf Französisch. Diese Beschwerde höre ich immer wieder. Meine deutschen Freunde denken, dass sei Arroganz pur. Ich habe da eine ganz andere Erklärung. Ich nenne es: den Nationalkomplex.

Was bedeutet das? Nun, wir wissen genau, dass wir nicht gut in Fremdesprachen sind. Deswegen trauen wir uns nicht zu sprechen. Nur die Engländer sind noch schlimmer. Ich verstehe das. Wenn man das Glück hat, *die* internationale Sprache als Muttersprache zu haben, warum sollte man sich dann noch großartig anstrengen? Ich finde das überhaupt nicht arrogant, sondern selbstverständlich, natürlich, menschlich und clever.

So, zurück zu unserem Nationalkomplex: Unser Schulesystem ist schuldig! Bei uns ist das Schriftliche sakralisiert, die kleine Franzosen lernen Fremdesprache mit der Nase im Buch. Das Motto »Hauptsache sprechen, egal mit die Fehler« gilt bei uns nicht. Entweder sprichst du Fehler frei oder hältst du dein Mund. Dieses Problem ist seit langem bekannt, und wir lassen uns regelmäßig glauben, dass wir mit einer neuen Reform diese Tatsache ändern werden. Das stimmt aber nicht.

Niemand glaubt mir, wenn ich das erzähle. Ich kann sagen, was ich will: An dem kleinen ironischen Lächeln merke ich, dass man mich offensichtlich nicht für glaubwürdig hält. Ich weiß, warum das so ist: Die Deutschen versuchen ständig, die Arroganz der Franzosen zu beweisen!

Im Radio habe ich jetzt schon mehrfach von einer Studie à la Pisa gehört, nach der französische Schüler mit das beste Niveau in Europa oder in der Welt haben, wenn es um Fremdesprachen geht. Um Fremdesprachen! Allerdings nur, was die schriftlichen Kenntnisse und den Wortschatz angeht. Gibt es einen besseren Beweis für meine These? Et voilà!

Wobei ich zugeben muss, dass ich mich nie getraut habe, diese Info zu überprüfen.

Ich machte jedenfalls peu à peu Fortschritte mit die deutsch Sprache, während ich Petras Liebesleben verfolgte. Das Telefon war eine sehr schwere Übung, das Worte-Fall war sehr oft fatal.² Ich verstand häufig nicht einmal Bahnhof und verband den jeweiligen Anrufer dann sofort mit einer meiner beiden Kolleginnen. Ganz froh war ich jedes Mal, wenn ich das Wort »Ticket« hörte. Dann konnte ich nämlich selbst antworten. Ich hatte eine kleine Satz auswendig gelernt. Und den wiederholte ich bei Bedarf ganz deutlich und stolz: »Für die Ticket müssen Sie unsere Tickethotline-Service anrufen, die Nummer lautet …«

Genial, oder?

Eine andere große Schwierigkeit war, die Nachnahmen zu begreifen. Es war mir peinlich, sie immer wiederholen lassen zu müssen, wenn ich sie einem Kollegen annoncieren wollte. Außerdem hatte ich immer Angst, wichtige Personen zu beleidigen, die schon mehrere Male angerufen hatten: Sie hätten sich unerkannt fühlen können. Unsere Firma entwickelte sich sehr, man sprach von neuen Sendungen und neuen Verträgen mit unterschiedlichen Sendern. Wenn ein Programmdirektor nun probierte, unsere Chef zu erreichen, und das Glück hatte, bei mir zu landen, musste er manchmal zweimal seinen Nahme wiederholen. Wenn ich ihn dann immer noch nicht kapiert hatte, ließ ich ihn buchstabieren.

Dann kam er. Der Nachmittag, an dem ich den peinlichsten Augenblicke in meine beruflich Laufbahn erlebte. Es fing damit an, dass sich ein gewisser Herr Günterjor am Telefon meldeten. Eine fröhliche Stimme, sehr locker. Er sagte, dass er heute Abend nach Köln kommen wollte und noch fünf Tickets für Freunde brauchte. Diese kurze Anfrage hatte er so ungewöhnlich charmant und humorvoll formuliert, dass ich mir ebenfalls einen scherzhaften Ton erlaubte. Légère antwortete ich:

»Ah, ah, so, so, Monsieur Günterjor, und Sie glauben

also, dass Sie vier Stunden vor der Show anrufen können und einfach so fünf Karten kriegen.«

Offensichtlich glaubte er das wirklich.

»Nun, ich sollte anrufen, und sagen, wie viele Tickets ich brauche ...«

Oh, ... wie süß..

»Für die Ticket müssen Sie unsere Tickethotline-Service anrufen, die Nummer lautet ...«

»Aber als man mich eingeladen hat, wurde mir gesagt, dass das mit den Tickets kein Problem ist. Und jetzt, wo ich heute Abend zu Gast bin ...«

Mir wurde plötzlich ganz anders. Ich hatte gerade mindestens eine Information erhalten, die mir massiv zu denken gab. Zu Gast? Gast? Heute? In unsere Show?

Oh Good!

»Ah! Ich verstehe jetzt, Sie sind heute Abend zu Gast!«

Na Glückwunsch, Licard.

»Es tut mir leid, mein Deutsch ist nicht so gut, ich hatte Ihren Nahmen nicht verstanden ...«

»Ja, mein Name ist Günther ...«

»Jor!«

»Jauch.«

Während ich mich hin und her wand, hatten meine zwei Kolleginnen aufgehört zu sprechen und starrten mich an. Petra, die arbeitsame, überkorrekte, sonst so laute Petra, war rot und atmet nicht mehr. Irmi, die meist so gut gelaunte Irmi, war blass, atmete aber noch. Immerhin.

In diesem Augenblick hatte ich wirklich das Gefühl, dass ich den Dom aus Köln auf den Kopf bekomme. Ich wusste genau, wer Günther Jauch war. Ich kannte damals nur ganz wenige Prominente in diesem Land, aber den kannte ich. Und das zeigte das ganze Ausmaß meines Schnitzels.[3]

Ohne ein Wort zu verlieren, befahl mir meine noch rote, aber zum Glück wieder atmende Kollegin Petra mit schneller Geste und enorm ausdrucksvollen Augen, Monsieur Jauch sofort auf Ihren Apparat weiter zu verbinden. Und wehe, wenn ich mir noch eine lustige Initiative traue!

»Eine Sekunde, Monsieur Jör, noch mal pardon, ich verbinde Sie jetzt mit eine Kollegin, und keine Sorge: Sie verstehe jeder Wort.«

---

[1] Im unzensierten Original heißt es wörtlich: »Es gibt aber auch sehr viel Verkehr: von jeder Abteilung kommen Sie bei uns ...«. Bitte beachten Sie hierzu auch das Kapitel »Sex!«.

[2] »Worte-Fall« – was kann die Autorin damit meinen? Der Übersetzer hat das poetische Bild eines Wasserfalls aus Worten und Wörtern vor Augen. Er möchte den Leser gerne daran teilhaben lassen.

[3] Die Autorin legt Wert auf die Feststellung, dass sie mittelweile, Entschuldigung, mittlerweile den Unterschied zwischen »Schnitzel« und »Schnitzer« kennt. Peinlich ist ihr der Fehler nicht, im Gegenteil: Sie hat ihn im Laufe der Jahre sehr lieb gewonnen. Schließlich hat er ihr und ihren Gesprächspartnern viele unterhaltsame Momente beschert.

Berlin oder:
Wem gehört die Mauer?

Ein perfekter Augenblick
in der deutschen Hauptstadt

Endlich.

Ich würde sie sehen. Ein Jahr nach meinem Umzug nach Deutschland wurde es auch langsam mal Zeit. Ich würde nach Berlin fliegen. Ich würde vor der Mauer stehen.

Mein Freund hatte einen Termin dort, ich begleitete ihn, um mir am Nachmittag die Stadt anzuschauen. Selbstverständlich hätte ich mir einen Reiseführer besorgen können, aber ich wollte lieber den Bildern, die in meinem Kopf steckten, folgen: den Bildern des Mauerfalls, die ich aus dem Fernsehen und aus den Zeitungen kannte. Ich wusste, wo ich die Mauer finden konnte oder zumindest ein paar Reste von ihr: am Brandenburger Tor. Ein Bild hatte ich noch besonders deutlich in Erinnerung: die Mauer und ihre Graffiti, Soldaten auf einer Linie, weiter hinten das Tor und vorne Leute, die auf die Soldaten starren.

Ich nahm die S-Bahn in Richtung »Unter den Linden«. Ich war furchtbar aufgeregt, in ein paar Sekunden würde ich die Mauer sehen und … Was war das? Eine riesige Baustelle! Ich sah überall Kräne, Kräne und Erdberge … Stimmt, das hatte ich auch schon im Fernsehen gesehen: Berlin ist gerade die größte Baustelle in Europa. Aber musste ausgerechnet genau hier gebaut werden?

Ich stand jetzt vor dem Brandenburg Tor und sah immer noch kein Stück von dieser verdammten Mauer. Links nix, rechts nix, ich kapierte nicht. Ich ging durch das Tor, auf der anderen Seite: immer noch nix. Wo war meine Mauer? Was glaubten die Deutschen? Dass sie mit ihr machen dürfen, was sie wollen? Dass sie nur ihnen gehört?

Falsch. Wir, die anderen, die Ausländer, hatten mit den Deutschen gefiebert im November 1989. Wir hatten auch tagelang über nichts anderes gesprochen und jeden Abend die Bilder im Fernsehen gesehen, von dem berühmten Brandenburger Tor und von der Mauer.

Damals hatte ich in Paris gewohnt. Ich wäre auch gerne nach Berlin gefahren, um das selbst alles mit zu erleben. Aber mein Neffe wurde am 12. November geboren, und am statt nach Berlin bin ich nach Dax in meine Heimat gefahren, um ihn zu sehen. Am Bahnhof habe ich alle aktuellen Magazine gekauft. Er sollte später wissen, in welcher historischen Woche er auf die Welt kam.

Nur ein Stück, ein kleines Stück Mauer, das wäre es jetzt. Von mir aus mit einem Stroh-Soldaten darauf, kein Problem. Dieses Brandenburger Tor ohne Mauer-Spur weit und breit wirkte für mich wie eine Lüge.

Dann wollte ich nach Berlin Ost, diese 'ässlichen grauen Hochhäuser sehen, die es da noch gab. Ich wollte auch überprüfen, ob ich einen Unterschied zwischen den Ossis und den Wessis wahrnehmen konnte. Vielleicht merkte man es an den Klamotten?

Aber vor mir gab es nur Parks. Ich lief und lief, ich wusste nicht wirklich, wo ich war, oh, was war denn das für ein Monument? Das Sowjetische Ehrenmal. Dann war es ja wohl doch die richtige Richtung, oder?

Irgendwann kam ich endlich an eine Straße mit Häusern. Und? Was gab es zu sehen? Wieder nix! Ich sah keine Kugel-Spuren in den Wänden, die Straße war total interesselos. Nicht schön zwar, aber ich weiß nicht, ob ich wirklich in Berlin Ost bin.

Verdammt, so viel Energie für nix. Und nirgendwo eine U-Bahn-Station. Ich und mein Orientierungssinn. Ja wirklich, das war eine gute Idee, keinen Stadtplan sich zu besorgen!

Ich fuhr zum Alexanderplatz. Ich hatte auf dem U-Bahn-Plan gesehen, dass es nicht sehr weit war. Ich musste meinen Tag retten und hoffte nur, dass der Alexanderplatz wirklich in Berlin Ost war. Noch zweifelte ich.

Mit gemischte Gefühlen kehrte ich zurück ans Tageslicht, sah mich um – und war begeistert. Oh Du meine Gute, war das 'ässlich! Genial. Endlich. Gar keine Frage, ich war in Berlin Ost.

Es gab sogar ein Café mit Terrasse, dort konnte ich mich erholen, eine »Coca West« trinken und die Umgebung beobachten. In der Tat, es war alles grau. Die Architektur war … es gab gar keine. Oder doch: so eine Art Gefängnisarchitektur mit engen Fenstern. Die Häuser sahen fast alle gleich aus, in der Höhe unterschieden sie sich allerdings. Obwohl der Platz sehr groß war, fühlte man sich gefangen in einem großem Quadrat. Man sah, nein: man fühlte, dass es hinter den Häusern andere gab und hinter denen wieder andere und dahinter …

Ja genau: Dieser Ort war ohne Perspektive. Hoffnungslos.

Perfekt.

P.S.: Die Mauer habe ich erst vier Jahre später gesehen. Nur aus Zufall, von weitem. Ich saß in einem Taxi und lachte innerlich, als ich an meine kleine lächerliche Zwischenfall dachte. Große Gefühle empfand ich beim Anblick der Mauer nicht mehr. Es war zu spät. Ich hatte den richtigen Augenblick leider verpasst.

Klischee
Die Bein in meinem Kopf

Es ist mehr als 15 Jahre her. Und noch immer habe ich dieses Bild vor meine Augen.

Ich starrte die Verkäuferin an. Und ich wusste: Ich stand gerade vor einer Karikatur. Ich frage mich oft, warum ich sie ausgerechnet am Anfang meines Lebens in Deutschland entdeckt habe. Vielleicht, weil ich es *wollte?* Gut möglich. Während meiner ersten Tage in Köln war ich nämlich nicht besonders stolz auf mich. Ich beobachtete, dass ich ständig auf der Suche war nach Klischee-Bestätigung. Ich suchte Details, die mir bewiesen, dass ich im Ausland war, genauer gesagt: in Deutschland. Ich jagte *l'exotisme à la germaine.*

Good sei Dank, gab es die Architektur. Ich musterte die Fassaden und hörte mich denken:

»Ah ja, da bin ich in Deutschland, das sieht man nicht in Frankreich. Na gut, im Elsass vielleicht, was weiß ich, ich war noch nie im Elsass.«

In der Kölner Südstadt machte es Spaß, sich die Häuser anzugucken. Dort stehen viele Altbauten. Die Architektur, die Farben, die Dekoration – alles war mir fremd. Auch die Zahlen an den Fassaden, die das Datum anzeigen, wann das Haus gebaut worden war. Die gibt es zwar bei uns auch, aber nicht in dieser seltsamen Schrift, die man in Frkankreich »écriture gotique« nennt. Für mich war das *exotisme* pur. Ich wäre in so ein Gebäude sofort eingezogen. Doch ich sah auch viele 'ässliche Fassaden. Sie waren grau, oder noch schlimmer: braun. Ohne Fensterläden.

Ich nahm mir vor, die Menschen haargenau zu betrachten. Erstaunlich, die Leute waren doch nicht alle blond. Für uns die Deutsch sind blond. Wo sind die Wikinger? Ich konzentrierte mich auf die Gesichter. Sie hatten gar nicht alle blaue Augen! Die Leute auf der Straße hätten auch Franzosen sein können. Oder Spanier? Es war verwirrend. Ich wollte mehr Unterschiede genießen. Zum Beispiel die Kneippen, ja genau, gutes Beispiel: Sie waren wie in Frankreich. Wenn ich nachmittags in eine Kneippe vor meinem Tee saß und niemanden sprechen hörte, ich dachte, ich könnte jetzt ebenso gut in Paris sein. Na gut, am Ende des Nachmittags, wenn die Kölschgläser auf den Tischen blühten, es war etwas anderes.

Was sollten all diese Gedanken in meine Kopf? Waren sie nicht ein Symptom von Rassismus oder so ähnlisch? Oder war ich leider nur normal, genau wie alle blöde Tourist? Auf jeden Fall fand ich diese Jagd ordinär, um nicht zu sagen: vulgär. Ich hätte mehr Eleganz in meinen Gefühlen erwartet.

Aber ich konnte nicht aufhören mit die Jagd. Ich ging eine Trottoir entlang, betrachtete die Autos und konnte nichts anderes denken als:

»Ah, ja, wirklich, die deutschen Autos sind tatsächlich schöner, edler und gepflegter als die französischen.«

Das war mein neu Ding. Ich suchte ständig nach Beweisen für meine total originelle Beobachtung, dass die Deutsch reicher sind als die Franzosen. Dafür sah ich auch darüber hinweg, dass die deutschen Frauen offenbar keine guten Frisöre hatten. Ihre Schnitte erschienen mir oft ungenau. Man konnte unglückliche Scheren-Spuren an ihren blonden Haaren bemerken. Doch, tatsächlich: Es gab blonde Deutsche. Eine Menge sogar.

Als ich am Clowitzplatz[1] in die Menschenmenge starrte, bemerkte ich mal wieder viel zu viele bunte Jacken. Rosa gemischt mit Lila – warum nicht gleich noch ein 'auch Rot plus Gelb dazu? Und die Motive! Total unruhig und asymmetrisch, ach nee, unser schlechter Geschmack war mir eindeutig lieber, er ist schlichter. Plötzlich sah ich zwei sehr 'übsche Frauen. Sie warteten auf eine Bus-Stelle. Mutter und Tochter vermutlich. Da hatte ich endlich mal wieder zwei typisch deutsche Eigenschaften: Ihre Augen waren blau, und sie hatten eindeutig *germain* Gesicht-Züge: vorspringende Backenknochen und feine Lippen die Mutter, mandelförmige Augen die Tochter – mit einem ernsten Blick, vielleicht sogar ein bisschen kalt. Sie warteten auf den Bus Richtung Neumarkt. Na ja, warum nicht, fuhr ich halt in diese Richtung, ich hatte sowieso nicht besser zu tun, als meine ethnologische Untersuchungen anzustellen. Der Bus kam, sie stiegen ein. Ich klebte an ihren Versen.

Der Bus war voller Leute, doch gleich hinter den beiden Frauen entdeckte ich noch einen freien Platz. Ich beschloss, blau zu fahren.[2] Sicher, ich hätte auch zum Ticket-Automaten gehen können. Aber dann hätte sich bestimmt jemand anderes dahingesetzt, und ich wollte ja hören, wie die zwei sich unterhalten. Dass ich sowieso nichts verstehen würde, war mir in diesem Augenblick völlig egal.

Ich saß also hinter ihnen. Sie trugen sehr schöne Ringe.

Nie gesehen, das musste ein neuer Trend in Deutschland sein. Sie sprachen ganz leise. Das war eben diese deutsche vornehm Zurückhaltung. Endlich wurde es stiller im Bus, ich anstrengte meine Ohren. Ah, es ging um die 'ortzeit der Tochter, um die vielen Vorbereitungen, die Blumen, die Ringe und so weiter, ja, was es da nicht alles zu tun gibt, die beiden hatten viel zu erzählen.

Erst nach einer kleinen Weile fiel mir auf, dass ich jedes Wort verstand. Seltsam. Sollte ich plotschlich perfekt Deutsch können? Nein, sicher nicht. Was war hier los? Wie machten diese Deutschen das? Die beiden sprachen Französisch. Und zwar flüsslich. Und zwar deshalb, weil sie Französinnen waren. Trotz der blauen Augen und der *germain* Gesichtszüge. Ob wenigstens der Zukünftige ein Deutscher war, erfuhr ich leider nicht.

Nach dieser lächerliche Geschichte fühlte ich mich erst beschämt und dann befreit. Ich gab meine soziokukturelle Analysen auf. Dafür hatte ich mit meine Deutsch-Unterricht angefangen und suchte mir mündliche Übungen. Sehr oft, am Nachmittag, fuhr ich in die Stadt und ging in Geschäfte, um mit einer Verkäuferin kleine Sätze zu bauen. Einmal betrat ich ein schönes kleines Geschäft, mit vielen Design-Klamotte drin. Die Dame im Laden war charmant, ich liebte ihre Brille, sie war ungewöhnlich. Ich wollte anfangen zu sprechen, da steckte das Wort in meine Mund fest.

Ich stand vor einer Karikatur.

Der Karikatur einer deutschen Frau.

Ich starrte die Verkäuferin an.

Ich starrte ihre Beine an. Sie waren voller dunkler, langer, schwarzer Haare. Und sie trug sie diese 'ässlichen, typisch deutsch Sandalen mit dickem Leder an die Füße.

Ich erkannte sie gleich wieder: Ich hatte sie bei den deutschen Touristen auf der Atlantikküste gesehen. Als ich noch ein Kind war und wir mit den deutschen Nachbarn in Moliets an den Strand gingen. Ich hatte immer besonders Mitleid mit den Kindern. Ich hatte mir nicht vorstellen können, dass sie die Sandalen freiwillig getragen haben. Mutter und Vater trugen selbstverständlich dasselbe Modell. Eine Sandale für die ganze Familie.

Kaum hatte ich also meine ethnologischen Studien aufgegeben, hatte ich doch noch das perfekte Klischee gefunden – das perfekte Klischee vom weiblichen deutschen Bein. 15 Jahre ist das jetzt her. Und diese Bein stecken immer noch in meinem Kopf.

---

[1] Der Übersetzer vermutet, dass die Autorin an dieser Stelle vom Chlodwigplatz spricht.
[2] Steht im Original wirklich so drin. Also lässt der Übersetzer das jetzt einfach mal so stehen.

Die Stimme aus Paris
Die »Arald Schmidt Show« bekommt einen französischen Vorspann

»Nathalie! Nathalie!«

Ich war schon auf dem Weg zur U-Bahn, als ich plötzlich hörte, wie jemand meinen Namen rief. Es war Freitag, ich hatte früher frei bekommen, ich wollte nach Paris. Das Zugticket hatte ich schon. Der Platz war reserviert. Das Letzte, was ich jetzt gebrauchen konnte, war ein Attentat.

Ich drehte mich um. Hinter mir stand Schmitti, der Maz-Regisseur. Ziemlich außer Atem. Nun, ich hatte ja auch ein ziemliches Tempo vorgelegt. Immerhin wartete Paris auf mich. Und in Paris warteten alte Freunde von mir.

Das schien Schmitti ziemlich egal zu sein.

»Nathalie! Gott sei Dank, Du bist noch nicht weg. Wir wollen einen Witz machen, wir brauchen Dich.«

Wie jetzt – einen Witz? Ich mochte die Witze meiner Kollegen. Der Zeitpunkt war allerdings eher ungünstig. Jetzt noch einmal zurück in die Firma?

»Gut«, antwortete ich entschlossen, »aber ich habe nicht viel Zeit, ich habe mein Zug in eine halbe Stunde …«

Nun, was soll ich sagen? Ich war sehr neugierig.

Seit mehr als einem Jahr arbeitete ich nun in der Telefonzentrale. Mein Job bestand darin, am Telefon zu antworten, jede Menge People-Magazine zu lesen und mit meinen zwei Kolleginnen die Artikel zu kommentieren. Es war bei der Arbeit völlig normal, solche Zeitschriften zu lesen. Natürlich gab es auch ernste Magazine. Aber jedes Kind würde verstehen, dass sie für mich zu schwierig waren. Außerdem hatte ich auch noch eine andere Ausrede: Dank der People-Magazine kannte ich alle wichtigen Leute aus Deutschland und damit auch die Gäste der Show.

Ich machte aber auch die Pressemappe. An jedem Monatsende schnitt ich alle Artikel über unsere Show aus, klebte sie auf und bastelte eine schöne Mappe für die wichtigen Leute in der Firma. Man brauchte sie nur mit der Hand abzuwiegen, um wahrzunehmen, wie groß das Interesse an der Sendung war. Triumphal legte ich – fast nie mit Verspätung! – meine Mappe in die Postfächer und beobachte dann, wie schnell sie abgeholt wurden. Aber was heißt schon »schnell«? Meine Chefs holten ihre Briefe ab, nahmen auch die anderen Dokumente mit, ließen nichts liegen – außer meiner hübschen Mappe. Manchmal dauerte es drei endlose Tage, bis sie aus dem letzten Postfach verschwunden war. Das war schon ein bisschen frustrierend.

»Ich empfinde schwer meine Immigrant-Kondition«, erklärte ich einer Freundin im fließenden Deutsch. »Du arbeitest wie verrückt über eine nicht so tolle Job, das Du nie in Dein einiges Land machen würdest, und niemand beachtet es!«

Nun, das war vielleicht etwas übertrieben. Es gab auch andere Augenblicke.

»Ah! Endlich! Super, die Mappe!«

Das hat der Produzent wirklich gesagt, als er in sein

Postfach guckte. Dann warf er einen Blick in meine Richtung und ein Lächeln, das »Danke schön« bedeutete. Und schon war er am Lesen. Ich machte eine bescheinende Miene, aber ich bin ganz sicher, dass meine Augen strahlten vor Stolz.

Und dann war ich auch noch Lichtdouble. Zwei Stunden vor jeder Aufzeichnung probte der Moderator – unserer hieß Arald – ein paar Minuten lang der Ablauf. Die Kameras suchten die beste Position, der Regisseur gab seine Anweisungen an die Beleuchter, und wir, die Lichtdoubles, warteten hinter der Kulisse auf unsere Auftritt. Erst aber kam Arald, grüßte alle ganz laut, machte Witze mit dem Tontechniker, der ihn verkabelte, und dann fing die Band an zu spielen. Arald ging auf die Bühne, und alle, die gerade im Studio waren und zwei Hände frei hatten, klatschten. Sobald er an seinem Schreibtisch war, ich vorbereitete mich, die Rolle des Gastes zu übernehmen.

»Und hier kommt Günther Jauch«, sagte Arald.

Ich betrat die Bühne. Applaus von der Kollegen, Grüße an die Band. Ganz besonders herzlich grüßte ich jedes Mal Antoine, den Schlagzeugspieler: Er kommt aus meiner Gegend in Frankreich. Arald stand auf und gab mir die Hand. Ich setzte mich.

»Wie geht's, Günther?«

Als Lichtdouble kann man antworten, was man will. Es ist sowieso nicht wichtig. Das ist bei jeder Sendung und bei jede Sender so: Es wird nur deshalb geprobt, damit später, wenn es ernst wird, mit Ton, Bild und Beleuchtung alles stimmt. Wir Lichtdoubles, wir kleinen, unwichtigen Wesen, sahen das allerdings komplett anders. Jetzt war unsere Minute gekommen. Jetzt hieß es, cool zu bleiben und, wenn sich die Gelegenheit ergab, ganz unauffällig einen Witz zu machen. Aber pass auf, man macht sich dabei schnell lächerlich, man weiß ja ganz genau, was die andere denken: »Ach, noch so einer, der davon träumt, Karriere zu machen ...«

Für mich war die Probe immer eine kleine Sprache-Übung mit einem edel Professor. Am Anfang ich verstand nicht einmal die Frage. Das hinderte mich aber nicht daran, eine Satz zu bauen. Okay, ich versuchte es zumindest. Und nach ein paar Monaten, ich probierte sogar, schlagfertig zu sein. Ich wurde zum lustigen Gemüse.

An dem Tag, als ich nach Paris wollte, hatte ich auf meinen Job als Lichtdouble ausnahmsweise verzichtet. Meine Kollegen hatten schon den Hauskanal eingeschaltet, um sich gleich die Probe anzuschauen, als ich mich von ihnen verabschiedete. Nur Petra guckte noch ihre Lieblingsserie: Geschichten aus dem Leben junger Krankenschwestern. Die meisten waren hübsch und verliebt, die andere weinten oft. Die Hübsche weinten aber auch.

Ich ließ Petra gucken und lief schnell zu den Autoren: Sie spielten Basketball im Büro, mit der Arbeit waren sie für heute fertig. Noch ein paar *bises*[1] in die Redaktion, und 'opp! War ich schon auf dem Trottoir, Richtung U-Bahn, Richtung Paris.

Weit war ich nicht gekommen.

»Gut«, antwortete ich also entschlossen, »aber ich habe nicht viel Zeit, ich habe mein Zug in eine halbe Stunde ...«

Schmitti winkte ab.

»Kein Problem, es geht wirklich nur um einen kleinen Witz für Manuel, keine große Sache ...«

Manuel war der Redaktionsleiter der Sendung.

»Er und die Leute von Sat.1 wollen eine andere Stimme für den Vorspann«, fuhr Schmitti im Gehen fort. »Sie wollen die aktuelle nicht mehr. Also werden wir Deine Stimme aufnehmen. Als Überraschung für die Probe.«

Ich folgte Schmitti in die Tonkabine.

Er gab mir ein Blatt Papier. Good sei Dank, der Text war groß geschrieben. Ich fragte, wie ich ein oder zwei Wörter aussprechen musste, und dann, dann legte ich los.

»Aus dem Capitol in Köln: die ›Arald Schmidt Show‹ …«

Es folgten noch drei, vier weitere Sätze, dann war ich fertig. Die komplette Ton-Regie war kaputt gelacht. Und das lag bestimmt nicht daran, dass Arald in meinem Text mit Inspektor Columbo verglichen wurde.

»Das war scheiße«, erklärte ich.

»Nein, ganz im Gegenteil, das war genau richtig so.«

»Nein, es war 'ässlich! Jetzt, wo ich den Text kenne, kann ich das viel besser machen! Ört mal, ich habe in Frankreich eine Radiosendung moderiert. Ich habe da ein bisschen Erfahrung und ich finde, ich sollte wirklich lieber noch mal …«

Keine Chance. Gut, ich hatte es ja auch ziemlich eilig. Einerseits. Andererseits hatte ich gerade zum ersten Mal gehört, wie ich Deutsch spreche. Es klang fürchterlich. Ich verstehe ja, dass man über meinen Akzent lacht, er ist so karikatürenhaft. Ich glaube, viele Leute denken sogar, dass ich mit Absicht so spreche.

Mein Stolz war pikiert. Ich hatte seit meiner Radiosendung »Schade, dass es keinen Teppichboden gibt«[2] keine Ton-Regie mehr betreten. Jetzt erinnerte ich mich wieder an meine alte Liebe.

Radio.

Moderieren.

Ich dachte an meine beiden alten Kumpel Bruno und Bernard, mit denen ich die Show damals gemacht hatte.

Nein, so ging das nicht. Ich hatte versagt. Ich wollte eine zweite Chance. Mir doch egal, wenn der Zug …

»Also, Nathalie, Du musst ja auch zum Bahnhof, wir lassen das jetzt so.«

Das mit dem Bahnhof war natürlich eine Ausrede, das konnte ich Schmitti ganz genau ansehen.

»'ör auf, in Wahrheit ist mein gebrochen und gehackt Deutsch perfekt für Dich.«

»Aber es ist doch nur für die Probe!«

Da hatte er nun auch wieder Recht.

Als ich endlich im Thalys saß (Schmitti und die anderen hatten mich fast nach draußen gestoßen), fing ich doch wieder an, mir zu ärgern. Ehrlich gesagt hatte ich mir fast schon ein bisschen Hoffnungen gemacht, dass es nicht bei diesem einen Witz bleiben würde. Vielleicht würde sich ja ab und zu eine winzige Kleinigkeit daraus entwickeln …

Na, das konnte ich mir ja jetzt woll abschminken.

Ah, was soll's. Um auf andere Gedanken zu kommen, beobachtete ich lieber die fröhlichen Deutschen, die neben mir auf die andere Seite des Gangs saßen. Zwei Paare, beide so um die 50, zwischen ihnen eine Tisch. Sie hatten ihre Plätze wahrscheinlich schon sehr früh bestellt. Ich hörte, wie sie sich über den günstige Preis freuten.

Sie sahen aus wie Lehrer. Nein, falsch: Der Typ, der mir schräg gegenüber saß, sah aus wie ein Architekt. Jetzt nahm seine Frau aus ihre Tasche vier Plastik-Kit *Flûte à Champagne* und baute die auf. Mein Good, wie sie sich freuten. Die andere Frau öffnete vorsichtig eine kleine Flasche Sekt. Ein paar Tropfen und viel Schaum für jedes Glas, »Santé!« – und runter! Jetzt sprachen sie lauter, spielten mit französischen Wörtern und lachten so laut, dass es wahrscheinlich noch drei Wagen weiter zu hören war. Offensichtlich hatten sie Reiseführer und jede Menge Pläne mit dabei. Ich war nicht die einzige, die sie beobachte. Dieses unerwartete Stück Theater fand viele Zuschauer. Wir tauschten Komplizen-Blicke.

Schließlich wurde ich müde und wollte schlaffen. Doch natürlich hörte ich weiter zu, wie die vier Deutschen ihr Pariser Wochenend-Programm besprachen. Ich fühlte, dass ich lächelte. Ich wusste, warum. Ich wusste, es war lächerlich, aber ich war einfach stolz, dass sich die vier so sehr auf meine Land freuten, meine Hauptstadt, meine Paris.

»Sie ist deutsch. Er ist Franzose. Sie ist deutsch, das ist klar … Und die da? Beide deutsch. Vielleicht …«

Ich ging die Gleise entlang. Gare du Nord. Ich sitze immer am Ende des Zugs, deshalb dauert es jedes Mal ewig, bis ich im Bahnhof ankomme. Good sei Dank, gibt es die *amoureux,* die deutsch-französischen Paare, die sich für die Wochenenden wiederfinden. Oh, es war so süß, sie machten – ohne es zu wissen – einen Kuss-Wettbewerb! Ich gab aber keine Noten. Sie waren alle talentiert.

Ich nahm die Metro bis zur Station »Barbès«. Am Ausgang fühlte ich mich endgültig zu Hause. Ich ging Richtung Montmartre. Überall sprach man Französisch, das tat gut. Ich guckte auf die *plaques,* die Nummern-schilder der Autos: 75, ich war in Paris! Vergessen war die frustrierende Aufnahme für den Vorspann der Show. An diesem Abend hatte ich mich mit meinen Freunden

wie so oft am *Place des Abesses* im »Le Saint Jean« ver-
abredet, einem Café mit Tischen und Stühlen auf dem
Trottoir. Hier drängen sich durch die enge Gasse schicke Frauen in edlen Designer-Klamotten, die auf dem
Weg nach Hause sind, und ein paar verirrte Touristen,
die Montmartre und *Sacrée Coeur* suchen. Bruno war
schon da, er wartete auf der Terrasse. Kurze, dunkel-
blonde Haare, wie so oft mit einem Lächeln im Gesicht.
Er winkte in meine Richtung. Wir kannten uns seit unserer Jugend. Heimat.

La bise, wir küssten uns, bestellten einen Aperitif, und
dann machte mein bester Freund wie immer eine böse
Bemerkung über meine – wie ich zugeben muss – sehr
rote Reisetasche.

»Ich weiß, sie ist nicht praktisch, aber sie ist schön«,
sagt ich mich. »Sie hat sogar einen Design-Preis bekommen, in Deutschland …«

»Ach ja, in Deutschland.«

»Ah, ah, ah, sehr lustig. Es ist mir trotzdem lieber, eine
Tasche zu haben, die schön ist, als eine, die zwar praktisch ist, aber nicht schön.«

Damit war meine Plädoyer aber noch lange nicht beendet.

»Ich liebe dieses Rot. Und dann dieses Material, das
ist das Gleiche, aus dem die Segel von Schiffen gemacht
werden.«

»Ja, genau. Und Segel sollten lieber auf den Booten
bleiben«, beendete Bruno die Diskussion.

Es war alles so wie immer. Ich war wieder in meinem
französischen Leben, da, wo ich mich vollständig fühlte,
nicht limitiert. Zuhause. Wie damals, als ich in Paris gewohnt hatte. Ich konnte meine Sprache sprechen, alle
sprachen meine Sprache, nun ja, fast alle, es wurden auch

andere Sprachen gesprochen, doch die meistgesprochene Sprache war Französisch. Ich genoss diese Wahrnehmung so, wie ich mein Kir trank: in kleinen Schlucken.

Bruno wollte wissen, wie es mir in Köln ging. Ich erzählte ihm, dass ich nicht mehr Praktikantin war, sondern fest angestellt, und genug Geld verdiente, um mir keine neue Job suchen zu müssen. Und ich hatte die Probleme mit die deutsche Sprache verkleinert.

»Aber ich werde nie deklinieren«, verkündete ich trotzig.

»Das ist nicht in Ordnung«, fand Bruno. Ja, der hatte ja auch Latein in der Schule gehabt, der konnte gut reden! Und die Liebe? Alles klar, nichts besonders dieses Mal. Ich nippte an meine Glas. Da klingelte mein Handy.

Eine deutsche Nummer. Ein Anruf aus meine anderen Leben. Meine Kollegin Petra war am Apparat – spürbar aufgeregt.

»Nathalie? Stell Dir vor, wir haben Dich in der Probe alle gehört, das war so lustig! Harald war ganz erstaunt, sie lassen alles so für die Show am Abend, und es könnte sein, dass Du es nächste Woche wieder machen wirst ...«

Ich war geschockt, als ob ich den Eiffelturm auf die Fresse bekommen hätte.

»Die Deutschen! Endlich haben sie verstanden, was in Dir steckt«, brüllte Bruno. »Und das ist erst der Anfang!«

---

1 Bise *f:* Küsschen *n.*
2 Laut der Autorin spielt der Titel der Sendung auf eine kanadische Redewendung an, übersetzt etwa: »Schade, dass es keinen Teppichboden gibt, ich würde mich sonst auf dem Boden wälzen vor Lachen.«

Essgewöhnheiten I
Der Knödel und das Kaninchen-Experiment

Ich sehe ihn noch.

Er bildete eine perfekte Kugel, obwohl seine Oberfläche aussah wie fein gekräuselt. Ja, genau, nicht granulös oder körnig ... Eher leicht gekräuselt. Er thronte rechts auf meinem Teller. Sein weiches Weiß bildete einen schönen Kontrast zum schrillen Weiß des Porzellans. Er war mein erster Knödel.

Es war auch mein erster Tag in Deutschland. Andreas und sein Freund Georg wollten mich zum Einstieg sofort die traditionelle deutsche Küche entdecken lassen. Also waren wir in ein feines Restaurant gegangen. Dass es fein war, konnte man daran erkennen, dass die dicke braune Sauce kurz vor dem Knödel gestoppt hatte.

Allein schon vom Sehen hatte mir seine Textur sofort gefallen. Ich wusste gleich, er würde weich sein und dicht, aber genug hydratiert.[1] Andreas, Georg und seine Frau Ingrid hatten mich kurz vergessen, sie sprachen Deutsch. Das war gut, denn so konnte ich meinen Knödel beobachten, so viel und solange ich wollte. Ich rätselte: Was könnte das sein? Am Anfang dachte ich, es wäre vielleicht in eine Form gepresstes Kartoffelpüree.

Falsch. Das passte nicht, die Kugel war hoch, aber trotzdem schwer, und diese Kombination wäre für ein Kartoffelpüree physisch unmöglich gewesen. Ich starrte noch ein wenig auf dieses seltsame Gebilde, dann nahm ich meine Gabel und führte den ersten Bissen zum Mund.

Es war unglaublich. Die Textur schmeckte genauso, wie sie aussah. Ich war völlig perplex und nicht in der Lage, irgendeine mir bekannte Zutat zu identifizieren. Wie ich mich kenne, hatte ich dafür zu viel Sauce mitgegessen. Plötzlich würde ich ungeduldig und fragte die drei anderen, aus was das war.

Wirklich nur Brot, Milch und Kartoffel? Eigentlich sehr simple Zutaten für ein so gekünsteltes Produkt. Wahrscheinlich war das ein sehr guter Knödel.

Ich würde jedem Ausländer empfehlen, der vorhat, in Deutschland zu leben, ganz dringend beim erste Mal unbedingt einen hausgemachten Knödel zu essen. Er wird dieses Modell mental behalten, und das ist dann eine große Hilfe für die nächste Probe in irgendeiner Kantine. Der Knödel erträgt sehr schlecht die Mittelmäßigkeit. Ausländer, die nicht vorhaben, in Deutschland zu leben, sollten natürlich auch hausgemachte Knödel essen. Ich war gespannt, ob meine Familie sie auch so lecker finden würden wie ich.

Als Erste teilte meine Schwester Sylvie meine Begeisterung. Ihre Beurteilung war klar wie Kloßbrühe: Das Interessante am Knödel ist nicht unbedingt der Geschmack, sondern die Sehnlichkeit[2], die seine Textur anbietet. Deshalb lässt sich Sylvie von meinen Freundinnen Astrid und Bettina jedes Mal, wenn sie wieder nach Moliets fahren, ein paar Packungen Knödel mitbringen. Sie kennen natürlich die bessere Marken, und ich vergesse die Knödel sowieso ständig. Ehrlich gesagt, staune ich immer wieder, wenn ich Sylvies Küchenschrank öffne und dort ihre Knödel-Reserve sehe. In meiner Küche in Köln gibt es keine. Ich koche immer noch exklusiv französisch.

Sylvie hingegen war von ihrer Entdeckung so fasziniert, dass sie sich in den Kopf setzte, auch für ihre Freunde Knödel zu kochen. Ihren ersten Versuch, die Kugel in die französische Küche einzuführen, nannte sie »das Kaninchen-Experiment«. Sie lud Gäste ein und verwöhnte sie mit Kaninchen in *sauce sauterne*. Als Beilage gab es Knödel.

Bei Sylvie muss immer alles perfekt sein: Die Tische sind gedeckt wie in eine Design-Magazin. Bei einem Menue lässt sie niemals irgendeinen Gang aus. Beim Essen überlässt sie nichts dem Zufall. Diesmal hatte sie das Kaninchen und *Pruneaux d'Agen* in Sauterne-Wein, Lorbeer und Thymian mariniert. Für die Sauce ließ sie rote Zwiebeln in Öl verschmelzen, bis sie beinahe einen Karamell-Farbton hatten. In eine Cocotte – eine Schmortopf – band sie das Kaninchen und die Marinade-Sauce mit den Zwiebeln und ließ es bei schwacher Hitze kochen.[3] Die Gäste waren 'ingerissen. Bei die deutsche Beilage blieb die Ekstase aus. Sylvie war enttäuscht.

Ehrlich gesagt wurden an diesem Abend wiederholt Knödel-Witze gerissen. Besonders Sylvies Freund Dany Baillé – wenn man von ihm spricht, nennt man immer Vor- und Nachnamen, das klingt gut – Dany Baillé fand die Knödel wohl eher lustig als lecker. Sylvie, die Meisterin unter den Gastgeberinnen, hatte nicht den erwarteten Erfolg bekommen. Das konnte sie so nicht auf sich sitzen lassen. Aufgeben kam für eine Frau wie sie nicht in Frage, sie hatte eine neue Mission gefunden: Sie wollte, dass der Knödel eine zweite Chance bekam. Und sie wusste ganz genau, wie man Franzosen das exotische Dings aus *Allemagne* schmackhaft machen konnte.

Kurze Zeit später lud sie ihre Freunde erneut zum Essen ein. Wieder gab es Knödel, aber diesmal waren alle begeistert, sogar Dany Baillé.

»Wie hast Du das geschafft?«, fragte ich Sylvie, als wir am nächsten Morgen telefonierten.

»Nun, ich habe die Knödel diesmal mehr aromatisiert.«

»Womit?«

»Gefüllte Lerche.«

»Und womit hast Du die Lerche gefüllt?«

»Na, womit wohl?«

In diesem Augenblick wurde mir alles klar. Gib den Franzosen Leberpastete, und sie essen alles mit große Appetit, Knödel inklusive. Die hatte Sylvie sogar in Leberpasteten-Fett gebraten, sicher ist sicher. *Alouettes farcis au foie gras sur canapé de Knödel* – ein Klassiker in der Küche meiner niemals aufgebenden Schwester. Und mit meinem ersten Knödel wohl kaum zu vergleichen.

---

[1] Die facettenreiche Bedeutung des in der deutschen Sprache bislang völlig unbekannten Wortes »hydratiert« erschließt sich (hoffentlich) im Kapitel »Ich liebe Schublade«.

[2] Der Übersetzer vermutete zunächst, dass die Autorin hier die Wörter »Sehnsucht« und »Sinnlichkeit« kombiniert und damit einen völlig neuen Begriff kreiert hat. Die Frage, wie die deutsche Sprache bislang ohne dieses Wort auskommen konnte, stellte sich zwangsläufig, doch die Ernüchterung folgte auf dem Fuße: Tatsächlich meint die Autorin mit »Sehnlichkeit« nichts anderes als »Sensualität«. Ach so.

[3] Die Autorin beschwerte sich in Anwesenheit des Übersetzers mehrfach, dass die Deutschen keinen Fachbegriff für »bei schwacher Hitze kochen lassen« haben. Die Franzosen haben einen: »mijoter«. Kein Wunder bei einem Volk, das permanent ans Essen denkt.

Auf der Berlinale I
Catherine Deneuve ist irritiert,
um nicht zu sagen: böse

Jetzt waren die von der Show endgültig verrückt geworden.

Sie hatten vor, mich nach Berlin zu schicken, für vier, fünf Tage. Zur Berlinale. Ich sollte schon morgen fahren, selbstverständlich nur, wenn ich wollte ... Danke, es ist höfflich zu fragen ... Ja, natürlich wollte ich! Mit mir würde der Marc fahren, ein jüngerer Kollege mit Kinnbart, sehr ehrgeizig. Er sollte eine kleine Kamera mitnehmen. Blieb noch die Frage: Was sollten wir da eigentlich machen? Die Antwort von Redaktionsleiter Manuel war klar und unmissverständlich:

»Macht, was Ihr wollt. Das Thema ist jedenfalls ›Nathalie bei der Berlinale‹.«

Spätestens jetzt hätte ich ihm sagen können, dass ich gar keine Spezialist von Kino bin. Ich kenne vielleicht drei Namen von Hollywoodstars. Aber Manuel wusste das ja alles. Es war sogar einer der Hauptgründe, mich dahinzuschicken. Dass ich Englisch wie eine Flasche spreche, hatte er auch schon mitbekommen. Noch so ein Hauptgrund.

In Berlin angekommen, nahm ich mir am Flughafen ein Taxi. Meine Nase war an das Autofenster geklebt. Ich fand alles schön, ich könnte nicht sagen was, wie und warum. Vielleicht die Breite der Straße und dass die Häuser gar nicht so hoch sind. Dass die Leute so frei wirken, fast ein bisschen wild.

Es war das erste Mal, dass ich beruflich in Berlin war. Unglaublich, wie war das möglich? Ich, das kleine gekochte Gemüse der Telefonzentrale, ich mit meinem gebrochen Deutsch, für fünf Tage, in Berlin, zur Berlinale. Oh Good, Oh Good, wie viel kostet so ein Witz? Weg mit diese Gedanke, ich musste frisch in Kopf bleiben …

Ein paar Tage vorher hatte es eine tolle Aktion in der Show gegeben. Man hatte vor unsere Studio eine Palette mit 500 Kilogramm Ketchup-Flaschen aus 17-Meter-Höhe fallen lassen. Wir wollten überprüfen, wie hoch der Ketchup spritzen würde. Ich war die Reporterin am Ort und hatte mit Arald die ganze Aktion kommentiert. Das Publikum war kaputt gelacht, die Quote gut, et voilà: Schon befand ich mich ein paar Tage später in einer Situation, in der man eine Frage an Catherine Deneuve stellen muss. Genau das war nämlich meine erste Aufgabe.

Offenbar funktionierte ein Filmfestival so: Den ganz Tag gibt es Vorführungen von neuen Filmen und später eine Pressekonferenz, wo die Journalisten Frage stellen an die Stars der Filme. Zumindest hatte ich das so verstanden. Wir waren kaum angekommen, da hing auch schon unsere offizielle Akkreditierungskarte an unsere Hals. Alles klar. Ein Problem gab es allerdings: Ich hatte den Film nicht gesehen, in dem Catherine Deneuve mitspielte. Natürlich hatte es eine Vorführung gegeben. Aber da waren wir noch nicht da gewesen. Immerhin hatte ich in dem Flugzeug die Dokumente gelesen, die der Marc für mich vorbereitet hatte. Ein französische Film. »8

Frauen« mit sechs Stars plus zwei eher unbekannte Gemüse. Ach so. Na dann.

Schon im Pressebüro hatte der Marc alles gefilmt. Unter
dem Thema »Was passiert hinter die Kulisse« sammelten
wir so viel Material wie möglich. Ehrlich gesagt hatten
wir ja keine Ahnung, ob ich mit irgendeinem Star in Gespräch kommen würde. Im allerschlimmsten Fall würden wir immer noch eine Geschichte mit dem Titel »Wie
Nathalie in der Berlinale war und hat gar nix geschafft«
machen können. Das beruhigte mich.

Auf der Bühne des Saals, in dem die Pressekonferenz mit
Catherine Deneuve stattfinden sollte, gab es eine lange
Tisch mit Stühle und Mikrofon. Ich ging nach vorne in
die dritte Reihe. Der Marc blieb eine Reihe hinter mir,
um mich zu filmen. Ich schaute die Journalisten an und
spitzte die Ohre: Man kannte sich. Sie unterhielten sich
über Venedig und Cannes, und weil viele von ihnen Ausländer waren, sprachen sie Englisch. Was für ein Leben,
dachte ich. Sie fahren von einen Filmfestival zu nächsten.
Von Venedig nach Cannes nach Berlin. Wahrscheinlich
machen sie geile Party.

Vor der ersten Reihe warteten die Fotographe, hin-
ten nahmen die Kameramänner letzte Einstellungen vor.
Okay, jetzt war der geeignete Punkt gekommen: Ich
baute meine Strategie. Und die lautete: Nach der ersten
Frage würde ich mich so lange melden, bis ich das Wort
bekomme. Erstaunlich simpel. Simpel? Nee, gar nicht.
Wir waren ungefähr 300 Leute, und jeder wollte eine
Frage stellen.

Im Saal spekulierte man darüber, ob die Deneuve
überhaupt erscheinen würde. Und Fanny Ardant? Isa-

belle Huppert würde nicht kommen, das war sicher …
Die Warterei machte die Leute nervös. Jetzt wollte der
Marc auch noch wissen, was ich fragen würde. Ich hatte
keinen Bock zu antworten. Was unter Umständen daran
liegen konnte, dass ich ja selbst keine Ahnung hatte. Die
Spannung im Saal stieg weiter.

Und dann, auf einmal, kamen sie. Besonders beein-
druckt war ich nicht. Dafür konzentrierte ich mich viel
zu sehr auf meine Fragen. Ouf! Die Deneuve war wirklich da! Kein Zweifel, ich musste sie kriegen. Außerdem
betrat Virginie Ledoyen die Bühne, die in Frankreich
auch sehr bekannt ist, aber hier nicht so sehr. Dann kamen die beiden überall unbekannten Schauspielerinnen
und der Regisseur. Blitzlichtgewitter. Die Fotographe
machten ihre Job, dann grüßte uns kurz der Moderator – und los! Arme hoben sich, viele Arme. Das war
ja klar. Ich fragte mich kurz, ob ich Fieberlampe kriegen würde oder wollte oder sogar musste. Nach eine
schnelle Analyse beschloss ich, dass ich mich diese Lu-
xus nicht erlauben konnte: Die Angst, ohne nix nach
Köln zurückzukommen, war größer als die Angst, mit
Catherine zu sprechen oder mich sogar lächerlich zu
machen.

Auf einmal war ich dran. Das ging ja schneller, als ich
gedacht hatte. Der Moderator zeigte auf mich, und seine
junge Assistentin gab mir das Mikro. Wie die anderen
stellte ich mich kurz vor und fragte dann mal die Catherine, wie sie und die fünf anderen großen Stars ihren
zwei armen unbekannten Kolleginnen geholfen haben.
Ich glaube, ich sagte so etwas in der Art wie: Wahrscheinlich waren die zwei doch so eingeschüchtert, dass sie sich
verstecken wollten unter der Teppichboden!

Na gut. Auf Französisch klang das besser.

Sie antwortete langsam. Sie trug Sonne-Brille und mochte meine Frage nicht. Das konnte ich nachvollziehen. Aber ich hatte den Film nun mal nicht gesehen. Die Deneuve antwortete jedenfalls. Leider lag sie total daneben. Sie redete zu lange. Ganz objektiv betrachtet, war sie nicht gut. Ich bekam das Gefühl, da jetzt aber mal ganz dringend eingreifen zu müssen.

»Sie antworten nicht wirklich auf meine Frage.«, unterbrach ich sie kaltschnäuzig.

Oh là là! Jetzt war sie beleidigt. Trotzdem antwortete sie, wenn auch etwas pikiert, und wieder fand ich das, was sie sagte, reichlich banal. Na gut, unterbreche ich sie halt wieder, dachte ich. Nicht mein Fehler.

»Ach, wissen Sie … Ich frage lieber die zwei, die neben Ihnen sitzen.«

Große Freude im Saal. Ich sah die Augen von die Deneuve nicht, aber ich spürte, dass sie irritiert war. Böse. Ihr Gesten verrieten Ungeduld. Ich fühlte mich genial. Ich hatte Streit mit Catherine Deneuve!

Der Marc war zufrieden. Schnell überprüften wir seine Bilder, Good sei Dank, alles drauf. Wobei – auf einige Bilder hätte ich auch verzichten können. Die Aufnahmen von meinen Gesicht – viel zu nah, ich fühlte mich 'ässlich wie ein 'und, der seinen Kopf ganz dicht an die Kamera seines 'errchen hält, man sah alle meine Falten, obwohl ich mich vorher extra noch geschminkt hatte. Ich war schockiert. Den Marc bekümmerte das allerdings nicht besonders, ganz im Gegenteil.

»Du kokettierst«, sagte er. Ja, er machte sich über mich lustig. Was sollte ich tun? Blöd Mann!

Aber jetzt der Drück war weg, genug für den Tag. Ich ließ mich von dem Marc führen, und so landeten wir in einem Hotel am Französische Straße. Wie süß.

»Oh mein Good, sind wir in einem zu luxuriös Hotel?« fragte ich.

»Es gibt sogar einen Wellness-Bereich und einen Pool«, antwortete der Marc.

»Oh mon dieu«, dachte ich und nahm mir vor, möglichst viele Superstars zu interviewen.

Der Marc verlangte eine besonders ruhige Zimmer für Frau Licard. Oh, das war ja ich! Ich verstand, er machte mich wichtig. Na toll. Ich guckte die Dame an der Rezeption mit ein Blick an, der bedeutete: Von mir aus reicht ein Schrank im Keller.

FAQ – Foire aux questions II
Was Deutsche von einer Französinne wissen wollen
(mit Antworten!)

»Die debilste Bemerkung, die Du je von Franzosen über Deutsche gehörst hast?«

»Dass die Deutsche haben kein Humor. Das hier ist eine typisch Gespräch darüber:

›Ah, sie sind nett, Deine deutsche Freunde, aber sie haben keine Humor, oder?‹

›Warum sagst Du das?‹

›Nur so ein Gefühl … Ich habe ein paar Witze vorher gemacht, sie haben gar nicht reagiert … nicht gelacht …‹

›Ah, ich verstehe …‹

›Ja, nein, sie bleiben immer sehr ernst.‹

›Sag mal, meine Liebe würdest Du selber ein Witz sofort auf Englisch verstehen?‹

›Öhhh …‹

›Ja genau, Du würdest noch nicht mal eine normale Konversation verstehen!‹

›Das stimmt.‹

›Et voilà! Und Humor ist immer sehr schwer zu kapieren in eine Sprache.‹

›Ja aber trotzdem! Ich finde sie so *ernst* …‹

›Ah! Ah!‹«

Gurken à la Marie-France
Gedanken von die feste
Platte meiner Birne

Ich erinnere mich an einen Sommer, wahrscheinlich war es mein erster in Köln; damals hatte ich mir eine soziale Beschäftigung gefunden: Gurken schneiden. Ich orientierte mich dabei an Marie-France, die Tante von Bruno.

Marie-France hat ein unwerfende Art, Gurken zuzubereiten: Sie schneidet sie fein, hauchdünn. Wir nennen das eine *chiffonnade*. Dann legt sie die Gurken mit Salz in eine Sieb und entzieht ihnen so die Flüssigkeit. Anschließend werden sie mariniert: Dafür kommen sie, eine ganze Nacht lang, in Knoblauch und Olive-Öl eingelegt, in den Kühlschrank. An die erste Probe man hat das Gefühle, dass man vorher noch nie Gurken gegessen hat. Es ist weich auf die Zunge, aber auch knanich[1] unter den Zähnen. Marie-France kann Gurken unglaublich schnell in ultrafeine Scheiden erledigen. Sie braucht nur ein scharf Messer.

Na gut, das war die Gelegenheit, dieses Rezept auch einmal auszuprobieren. Was hatte ich Besseres zu tun? Nix, ich schnitt Gurken. Das dauerte ewig, ich brauchte immer zwei, drei Sekunden, bis ich die richtige Abstand gefunden hatte, um mein Messer zu platzieren. Ich machte für jedes Abendessen eine *chiffonnade de concombre*. Ich machte es sogar, wenn Andreas und ich Gäste hatten. Da war ich der halbe Nachmittag beschäftigt. Für mich war das auch eine Art, mich zu valorisieren:[2]

»Hümm, wie lecker! Wie machst Du denn das?«

Ich hatte Sätze vorbereitet für die Bedienungsanleitung. Wichtig war, dass ich »in Ringe schneiden« sagte, »Scheibe« war mir nach den Erfahrungen im Supermarkt zu gefährlich.[3] Immerhin, ich konnte jetzt erzählen, woher ich komme und wie man ein Gurken-Chiffonnade zubereitet.

Ich schnitt langsam meine Ringe. Der Ziel war erreicht, wenn ich es schaffte, dass mein Messer nicht vorbeirutschte, die Ringe ultrafein wurde und ganz blieb.

Während ich diese maniake Beschäftigung ausübte, dachte ich nach.

Ich dachte, dass meine deutsche Unterricht mich nicht viel brachte. Schade, dass wir da nur Grammatik lernten.

Ich dachte, dass ich andere Gelegenheiten provozieren musste, um Deutsch zu sprechen. Ich dachte, dass ich nie deklinieren würde. Ich *wusste* es: nie!

Dann kamen von die feste Platte meiner Birne Gedanken, Erinnerungen, Bilder meiner Vergangenheit. Ich hatte Schwierigkeiten wahrzunehmen, ob sie von ihrer eigenen Initiative kamen oder ob ich sie selbst rief.

Ich dachte an die Sonntage meiner Kindheit. Wir hatten immer bei meiner Oma Mamie Cocotte gegessen. Am Mittag gab es Hühnchen und Kartoffeln gebacken, am Abend *pot au feu*, mit Tomate-Sauce.

Ich fragte mich: Was machst Du hier, wenn Du weißt, dass Du nie deklinieren wirst? Wie kannst Du ein Job finden, wenn Du die Sprache nie lernst? Wie kannst Du die Sprache lernen, wenn Du sie nie sprichst?

Verpasst! Mein Messer war gerutscht! Dafür mussten die drei nächste Ringe perfekt werden.

Manchmal hat Mamie Cocotte auch Zunge *en Sauce* mit Kapern gekocht. Aber ich weiß nicht mehr an welche Gelegenheit.

Ist man dumm, wenn man eine Sprache nicht korrekt lernen kann?

Kann man mit 30 Jahre endlich wahrnehmen, dass man dumm ist?

War das normal gerade, die Geschichte mit den drei nächsten Ringen?

Würde ich ein Zwangsneurose mit meine Gurken entwickeln?

Ich dachte, dass ich jeden Sonntag neben mein Opa gesessen hatte, Papi François. Sehr oft, immer am Ende des Essens, hatte ich meine Hand auf seine gelegt, um zu messen, ob sie größer als beim letzten Mal geworden war.

Ich dachte: Wenn ich in Köln bleiben würde, würde Mamie Cocotte uns besuchen. Da war ich mir ganz sicher. Ich dachte, dass sie nicht sterben durfte, bevor sie wenigstens einmal in Köln gewesen war. Ich dachte in der letzten Zeit viel an die Tod von Mamie Cocotte. Und ich wusste, dass ich nicht dafür bereit war. Sie wusste es, ich hatte es ihr gesagt. Sie hatte gelacht. Ich hatte sogar versprochen, wenn ich bereit wäre, würde ich ihr Bescheid sagen. Aber vorher bitte keine Initiativ.

Als ich klein war, ich wollte keine Bourgeoise werden. Ich wollte Abendteuer erleben. War es eine Abendteuer, Gurken fein zu schneiden? Hatte ich eine neue Disziplin erfunden?

War es ein Abendteuer, in Deutschland zu leben?

Würde ich eines Tag innerhalb weniger Sekunden entscheiden, meine Koffer zu packen und den nächsten Zug für Paris zu nehmen?

Wo würde ich sein in ein Jahr, genau in ein Jahr? In Deutschland, in Frankreich?

Und in zwei Jahre?

Würde ich irgendwann in Deutschland arbeiten?

Schnitt ich langsamer seit ein paar Minuten?

Wenn ich wieder in Paris wohnen würde, wie lange würde meine Beziehung mit Andreas halten?

Warum war ich sicher, dass ich nicht wollte, dass Andreas mit mir in Paris wohnte?

Warum fühlte ich mich in Köln freier?

War ich nicht ein Immigrant in eine goldische Käfig?

Warum blieb ich in meine Käfig, obwohl ich frei war zu machen, was ich wollte?

Wäre alles einfacher, wenn ich arbeiten müsste?

War ich zu frei? Wäre es einfacher mit mehr Zwang?

Sollte ich mich schämen, diese Frage zu stellen?

Was konnte ich sonst machen? In der Straße gehen und schreien: Wer braucht eine Immigrant, die keine Deutsch kann und die sowieso nie schaffen zu deklinieren wird?

Was war einfacher: An einem Tag 300 Gurken à la Marie-France zu transformieren oder innerhalb von sechs Monaten ein Job in Köln zu finden – aber nicht in ein Fastfood?

Warum innerhalb von sechs Monaten? Warum nicht innerhalb eines Jahres?

Wäre ich glücklicher, wenn ich in eine Fastfood arbeiten würde?

Was machten eigentlich die Immigranten, die drei Kindern zu ernähren haben?

War es für sie einfacher, weil sie sich nicht so viele debile Gedanke erlauben konnten?

Würde ich mich echte Freunde in Köln machen?

Wenn ja, wann?

Wie lange würde ich es hier aushalten, wenn ich nicht so oft, wie ich wollte, meine Schwestern und meine Freunde in Frankreich anrufen könnte?

Warum mögen meine Schwestern keine Kapern?

Und warum ich doch?

Warum hatte Nuran, die Putzfrau, mich nicht verstanden letzten Dienstag, als ich ein paar Sätze probiert hatte zu bauen? Sprach ich wirklich so schlecht? Viel schlechterer als sie?

Warum war sie nach ein paar Versuchen in Panik geraten und hat plötzlich Andreas angerufen, um zu fragen, ob ich sie gerade gefeuert hätte? Warum haben mein »no Probleme«, »alles ist klar«, mein Lächeln und meine beruhigenden Gesten nicht gereicht?

Hat man so eine Angst als türkische Putzfrau in Deutschland?

Wieder abgerutscht! Aber dieses Mal ich machte nicht mehr diese Geschichte mit die drei nächste Ringe. Man muss immer auf seine mentale Gesundheit aufpassen, wenn man frisch Immigrant ist.

Hatte ich Recht, mir zu verbieten, französische Bücher zu lesen? Und *Libération* oder *Le Monde* nur ganz selten?

Würde mir diese französische Diät helfen, der deutsch Bouillon zu schlucken? Würde es besser werden mit die trennbar Verben?

Müsste ich nicht langsam mal Platz schaffen auf die feste Platte meiner Birne, Gedanken und Erinnerungen aus Frankreich löschen, um mich mental auf Deutschland einstellen zu können?

Eines Tag war die Saison der Gurken vorbei. Ich fühlte es. Es war notwendig, sich für andere Gemüse zu inter-

essieren. Weg damit! Weg mit diese durchsichtige Ringe!
Um die Gurken weiter zu erledigen, kaufte ich mir eine
Küchenmaschine.

---

[1] Bemerkenswerte Variante des schönen deutschen Wortes
»knackig«.

[2] Laut Fremdwörter-Duden bedeutet »valorisieren«: Preise
durch staatliche Maßnahmen zugunsten der Produzenten be-
einflussen. Die Verwendung dieses Wortes erscheint in diesem
Kontext ausgesprochen gewagt, um nicht zu sagen: komplett
rätselhaft. In der Nathalie-Forschung wurde wiederholt darauf hingewiesen, dass es im Französischen das Verb »valor-
iser« gibt, das so viel wie »ins rechte Licht rücken« bedeutet
und an dieser Stelle ganz hervorragend passen würde – wenn
der Rest nicht auf Deutsch wäre.

[3] Nicht ohne Grund. Siehe oben.

Sex!

Ein kleines Missverständnis,
eine gezielte Provokation
und die erstaunlichen Folgen

Eines Tages wollte meine Freundin Astrid in Moliets Baiser kaufen. Sie ging in die Bäckerei und sagte in ihrem allerbesten Französisch:

»Bonjour, je voudrais baiser, s'il vous plaît.«

Es war kurz vor 13 Uhr, die Bäckerin war in der Mittagspause und wurde von ihrem Mann vertreten. Der strahlte Astrid höfflich an und antwortete:

»Naturellement Mademoiselle, à votre service.«

Zu Deutsch: »Natürlich, Fräulein, ich stehe zu Ihrer Verfügung.«

Was nun geschah, konnte Astrid nicht so richtig einordnen. Menschen bogen sich vor Lachen, schnappten nach Luft, prusteten enthemmt, kicherten und glucksten. Die Bäckerei war zu dieser Tageszeit immer gerammelt voll. Astrid stand in einer Traube von Kunden, alle starrten sie an, und alle, wirklich alle hatten diesen Blick, aus dem die pure Belustigung sprach.

Vier Sekunden später war Astrid bei mir und verlangte nach einem einstündigen Express-Französischkurs. Ich wollte wissen, was passiert war. Meine Freundin erzählte mir, was sie gerade in der Bäckerei erlebt hatte. Ich hatte Verständnis sowohl für den Bäcker als auch für seine Kunden.

Ich teilte meinen Unterricht in drei Lektionen auf.

Erstens: Auf Französisch nennt man Baiser, diese kalorienträchtige Köstlischkeit: *meringue.*

Zweitens: Meine Sprache braucht immer einen Artikel vor ein Substantiv. Das ist eine Frage der Hydratation[1]. Wenn Astrid gesagt hätte: »Je voudrais un baiser«, dann hätte sie zwar immer noch keine *meringue* bekommen, es wäre aber alles wesentlich weniger schlimm gewesen. Sie hätte gesagt: »Ich möchte einen Kuss.«

Drittens: Leider wird baiser ohne Artikel zum Verbe. Eine Tatsache mit für Astrid bedauerlichen Folgen. »Baiser« heißt zwar ursprünglich »küssen«, aber diese heutzutage eher altmodische, literarische Bedeutung hat sich gewandelt in eine harte Version. »Baiser« bedeutet: ficken.

Zusammengefasst kann man sagen: Meine Freundin Astrid hatte den Bäckermeister in aller Öffentlichkeit und in Abwesenheit seiner Frau zum Geschlechtsverkehr aufgefordert.

Nun, die Ursache für Astrids Fehler war ein Defizit in Grammatik- und Vokabel-Kenntnisse. Kenne ich. In der folgenden wahren Geschichte geht es hingegen um eine gezielte Provokation.

In der Produktion der »Arald Schmidt Show« arbeiteten als Fahrer vor allem Studenten, fast alle hübsch, kurze Haare, gut trainiert. Viele davon gingen regelmäßig in die Sonne-Salon. »Sie sind unser kleiner Sonnenschein von draußen«, sagte Fatma, die Chefin der Produktionsabteilung. Wir fieberten mit ihnen, wenn sie Examen hatten. Unser Lieblingsthema war aber die Liebe. Oder besser gesagt: Sex. Na ja, sagen wir: beides.

Alex war eine neue Fahrer. Er studierte Sport und war noch ein bisschen schüchtern, aber sehr hilfreich. Er passte gut zum Team. Fatma und die anderen waren damit beschäftigt, ihn in Stimmung zu bringen. In der Tat, er wurde immer lockerer. An einem Nachmittag – ich hatte alle Briefe und Pakete frankiert und konnte also nach Hause gehen – regnete es wie verrückt. Ich hatte wirklich keine Bock, 15 Minuten zu Fuß zu gehen zu die nächste Bahnstation.

Nebenan bei Fatma kochte die Stimmung. Die Gäste waren schon in ihrer Garderobe, die Probe war vorbei, die Autoren hatten ihre Witze und Mazen geliefert und tranken nun ihre Kaffee oder Tee. Für den Markus gab es nur warmes Wasser. Er hatte gelesen, das wäre gesund. Noch eine Stunde bis zur Aufzeichnung. Das war immer der lockerste Moment des Tages.

Ich betrat Fatmas Büro, guckte Alex ganz ernst an und sagte betont trocken, ganz ohne Melodie in der Stimme:

»Die Post ist fertig. Du kannst sie jetzt wegbringen, und wenn Du mich auch mitnimmst und fährst nach Hause, ich blase Dich eine.«

Die nächsten eineinhalb Sekunden jubelte ich innerlich. Alle hatten aufgehört zu sprechen und starrten mich an. Sie machten sehr große Augen. In Alex' Blick lag eine Hauch von Schrecken.

Kurz gesagt: ein Triumph!

Dann kam die Explosion.

Die anderen lachten so sehr, dass sogar Alex zögerlich anfing zu grinsen. Schließlich konnte ich auch nicht mehr meine Ernst halten. Ich will mich nicht wichtig machen, aber die Satz wurde ein Klassiker der Produktionsabteilung. Für jeden Fahrer wurde er durchdekliniert – von mir, anderen Kollegen oder von den Fahrern selbst.

Wie gesagt: Das war eine gezielte Provokation. Eine typisch französische? Oder bin ich einfach nur vulgär?

Ich würde lieber für die erste Erklärung tendieren.

Bei uns Franzose spricht man oft über Sex, man lacht über Sex, es gibt viele Witze über Sex. Ich kann mir vorstellen, woran das liegt. Die internationale exzellente Ruf über unsere außergewöhnlich Fähigkeiten in Sachen Sex ist nicht einfach zu halten und verursacht permanente Auto-Kontrolle und Auto-Kritik. Da ist Humor nicht das schlechteste Mittel.

Man debattiert auch viel über Körper, den eigenen und der von die andere, in der privaten Sphäre sowie in der Öffentlischkeit. In Radio oder in Fernsehen sogar öffentlich-rechtlich, sexuelle Andeutungen und körperliche Witze sind verbreitet. Ein Moderator scherzt zum Beispiel über das Übergewicht eines Kollegen (das kann auch eine Kollegin sein) oder die Form seiner Nase. Er kann auch spekulieren über seine sexual Neigungen. Das habe ich nie gehört oder erlebt in Deutschland. Man nennt das den *grivois* oder auch gallierische Humor. Es sind natürlich eher die Männer, die solche Witze machen, während die Frauen entweder lachen oder empört sind. Es gibt aber, Good sei Dank, ein paar mutige Frauen, die – am statt rot zu werden – schlagen lieber zurück.

Für mich ist es viel einfacher, eine tendancieuse[2] Witz auf Deutsch zu machen. Der Grund: Ich habe keinen affektiv Bezug, keine kulturelle Vergangenheit, absolut keine unkontrollierte Emotion, wenn ich ein deutsche Wort benutze. Sage ich zum Beispiel »Scheiße«, sage ich eine lustige, gut klingende Wort. Sage ich hingegen »Merde«, mein emotionales Umbewust[3] hört die Schreie meiner Mutter und sieht die schiefen, blau-scharfen Blicke meiner übergeliebten Oma, Mamie Cocotte. Das heißt: »Merde« kostet mich ein paar Gramm Mut.

Hätte ich eine solche Witz in Frankreich auf der Arbeit gemacht? Klare Antwort: Ööööö – kommt drauf an, wo ich gearbeitet hätte. Zum Beispiel meine letzte Job in Paris: Ich war Produktions- und Pressestelle-Assistentin für eine Kommunikationsagentur. Unsere Hauptkunde war *Emmaüs France* und sein Gründer l'Abbé Pierre.

Hm.

Nee. Oder?

Doch, hätte ich gemacht! Nicht vor der Abbé Pierre, natürlich, aber in unsere Büro. Da haben wir immer viel geschwätzt, und Sex war auf jeden Fall ein Thema.

Andere Beispiel: Mit meine Freund Bruno und Bernard, Catherines Mann, habe ich eine erfolgreiche Radiosendung bei »Radio Dax Océan« moderiert. Sie hieß »Dommage qu'il n'y ait pas de la moquette«, zu Deutsch: »Schade, dass es kein Teppichboden gibt«. Ah, gar keine Frage: *bien sûr!* Natürlich haben sich Bruno und Bernard tot gelacht, als ich ihnen von meine Triumph erzählt habe. Bernard hat sogar gesagt, dass er stolz auf mich sei. Und das ist eine besonders große Kompliment. Immerhin bin ich die Tante seiner Kinder.

Ich kann allerdings wirklich nicht behaupten, dass jede Frau in Frankreich sich so eine Witz erlauben würde. Meine Schwestern zum Beispiel haben mich total *enguelé*[4], als ich meine Geschichte erzählt habe. Und wie haben meine deutschen Bekannten reagiert? Na ja. Geht so.

Drei Jahre nach dem kleinen Vorfall in Fatmas Büro war ich zu meine Freundin Beate zum Essen eingeladen. Sie ist eine ehemalige Kollegin und arbeitete inzwischen für eine andere Redaktion. Am Tisch saßen ungefähr zehn Leute, ein paar enge Freunde und Kollege. Sie arbeiteten alle in seriöse Redaktion: Politik, Kultur. Ich war die einzige aus der »lustige Branche«.

Meine Gedanken waren ganz woanders, als mich die schrille Stimme von Beate weckte. Sie spricht immer schnell, viel zu schnell für mich, das wäre sogar zu schnell, wenn sie Französisch sprechen würde.

»Nathalie, ich habe letzte Woche Evelyn getroffen, sie hat mir gesagt, sie habe einen Kollegen ihres Mannes getroffen, er war vorher bei euch Fahrer, er hat erzählt, Du hättest ihm damals gesagt: ›Alex, wenn Du mich nach Hause bringst, ich blase Dich eine.‹ Ist das wahr?«

Ich fühlte mich plötzlich sehr müde. Ich merkte, dass meine Schultern eine ganz kleine Bewegung nach unten machten. Es passiert mir wirklich sehr selten, aber ich fühlte, dass meine Backen brannten. Ich hatte so was von keine Bock zu antworten. Aber ich musste natürlich. Sie hatten alle aufgehört zu sprechen und warteten auf meine Reaktion. Es war ganz still. Niemand lachte.

»Natürlich, es ist wahr, aber ich habe das nicht nur ihm gesagt, sondern *allen* Fahrern der Produktion.«

Immer noch keine Reaktion. Ich machte die Mund auf und wollte schnell erzählen, dass das nur ein Witz war, wir arbeiten für eine lustige Sendung und machen von morgens bis abends Witze für jeden Geschmack. Good sei Dank, ich merkte gerade noch rechtzeitig, dass das alles nur noch schlimmer machen würde, sich zu rechtfertigen. Falls es noch schlimmer ging. Ich war sowieso tot.

Beate guckte mich total verblüfft an.

»Wirklich? Hätte ich nie gedacht.«

Jetzt wollte sie von den anderen wissen, ob sie das auch so erstaunlich fänden. Wurde das jetzt eine *Umfrage* oder was? Es gab nur ein paar gehemmte Reaktionen. Einzig und allein der Redakteur einer berühmten TV-Sendung sagte mit ein amüsiert Lächeln, doch, bei mir könne er sich das vorstellen.

Ouf! Danke, ein bisschen Luft.

Seine Frau neben ihm sagte nix, lächelte nicht, sie arbeitet für WDR 5.

Und es war immer noch nicht vorbei.

Mathias, der Mann von Beate, ein Steuerberater, aber sehr nett und cool, war die ganz Zeit über in der Küche gewesen und kam jetzt erst zurück.

»Mathias, hast Du gehört, was ich gerade erzählt habe?«, fragte Beate.

Bitte nicht!

»Ja, ja, habe ich gehört«, sagte er. Mehr nicht. Aber die Melodie seiner Stimme sagte: »Ich mache lieber kein Kommentar, können wir bitte das Thema wechseln?«

Ja ... bitte, Thema wechseln! Und kein Wort über meine Freundin Astrid und ihren Versuch, beim Bäckermeister von Moliets Baiser zu kaufen.

---

[1] Zum Fachbegriff »Hydratation« vergleichen Sie bitte das Kapitel »Ich liebe Schublade«. Danke.

[2] Nathalie-Deutsch für: »zweideutig«.

[3] Nathalie-deutscher Fachbegriff für »Unterbewusstsein«. Vgl. hierzu »Die Psychoanalyse im Werk Nathalie Licards – Sex, Schnitzel und Umbewust im Verhältnis zum Es und Über-Es«, Berlin 2008, S. 870 ff.

4 Offenbar emotional äußerst aufgewühlt verfällt die Autorin hier in ihre Muttersprache. Der Übersetzer übersetzt: »angeschnauzt«.

FAQ – Foire aux questions III
Was Deutsche von einer Franzosinne wissen wollen
(mit Antworten!)

»Was bringst Du mit, wenn Du aus Frankreich nach Deutschland zurückkommst?«

»Meine Lieblings-flüsslich-Seife, Taramas, manchmal *creme de marron,* Soupe im Pack. Keks mit wenig Kalorien, aber lecker.«
»Machst Du eine Diät, oder was?
»Nee, warum? Sie sind lecker. Punkt.«

Diner entre amis –
die deutsche Variante
Wer ist Billy? Was ist in den Schüsseln?

Ich war total aufgeregt.

Zum ersten Mal, seit ich in Köln wohnte, hatten mich Freunde zu sich nach Hause zum Essen eingeladen. Endlich würde ich die deutsche Küche von eine moderne deutsche Familie probieren. Pünktlich um acht Uhr standen wir vor der Haustür. Georg, der Freund-Kollege von Andreas, und seine Frau Ingrid öffneten die Tür und begrüßten uns. Mir fiel sofort wieder auf, was für wunderschöne blauen Augen Ingrid hat. Außerdem ist sie etwas größer als Georg. Wir folgten den beiden ins Wohnzimmer, wo der Tisch schon gedeckt war.

Am statt eines Aperitifs gab es eine Führung durch die Wohnung bis zum Schlaffe-Zimmer. Auch toll. Ich war sehr neugierig und immer noch begeistert von derFenstern, die man am Kipp stellen kann. (Mittelweile hat sich das auch in Frankreich verbreitet, aber vor 14 Jahre haben alle Franzosen, die bei uns zu Besuch waren, die deutschen Fenster noch sehr bewundert.)

Die Führung durch die Wohnung hatte Georg übernommen. Er ist ein echter Charmeur, ein bisschen rund, aber nicht dick, mit sehr kurzen, schwarzen Haaren, die an einigen Stellen schon ein bisschen weiß geworden sind. In Frankreich sagen wir dazu: *poivre et sel,* »Pfeffer und Salz«.

Andreas und Georg blieben vor einer Wand voller CDs und Bücher stehen und unterhielten sich über einen gewissen Billy. Am Anfang dachte ich: Bestimmt ein Gast, der gleich kommen wird. Er schien ziemlich beliebt zu sein. Dann sprachen sie aber plötzlich von zwei Billys. »Mein Billy … Dein Billy …« Seltsam. Das verstand ich nun wirklich nicht mehr. Vorsichtig fragte ich nach.

Er ist nicht nur beliebt, sondern auch berühmt? Zum selbst bauen? Ein Bücherregal. Man lernt wirklich nie aus. Irgendwann sollte ich übrigens feststellen, dass in Deutschland jede Familie sein Billy hat. Schwarz oder weiß, *poivre ou sel.* Meine Freunde und ich in Frankreich stellten unsere Bücher auf Bretter. Meine waren manchmal eine bisschen schief. Das lag wahrscheinlich daran, dass wir sie selbst basteln direkt am Wand. Ehrlich gesagt finde ich das cooler und süßer als dieses langweilige, charakterlose Billy-Regal überall zu sehen. Und einfacher zu montieren ist es wahrscheinlich auch.

Außerdem bedient das Billy-Regal eine Klischee: die deutsche Ordnung. Obwohl die Marke ja gar nicht deutsch ist, sondern nordeuropäisch. Eigentlich – ich geb's zu – ist Billy auch in Frankreich zu finden. Aber mit Sicherheit nicht so erfolgreich. Andreas sagte, der Vorteil von Billy sei, dass du brauchst nicht hunderte Löcher zu bohren in die Wand. Öööh, er hatte ein bisschen recht. Wenn wir umziehen, die Wände sehen aus wie ein Schweizer Käse.

Nach der Führung setzten wir uns am Tisch. Er war sehr schön dekoriert mit Kerzen. Ich habe das Gefühl, dass die Deutschen oft Kerze benutzen am Tisch, aber auch im Wohnzimmer. Wir benutzen sie vor allem während der ersten zwei Jahre des Studiums.

In meine Erinnerung sieht der Tisch bunt aus. Ja genau, bunter als ein französischer Tisch, obwohl man die einzelnen Stücke auch bei uns finden würde. Das war wahrscheinlich eine Kombinationsfrage. Diese ein bisschen dicken Wassergläser kombiniert mit der Farbe der Teller vielleicht ... Auf jeden Fall saß ich an einem germanischen Tisch. Da hatte ich keine Zweifel. Das lag auch an den Bierflaschen. Ja, sie tranken alle Bier, aber mir hatten sie Wein besorgt, sehr aufmerksam, ich bedankte mich. Und jetzt Achtung, Ingrid kam mit dem Hauptgang. Eine Entree hatte es nicht gegeben, deshalb vermutete ich, wir würden gleichzeitig eine gemischte Salat auf einem kleinen Teller bekommen. Das ist immer so in Deutschland, das wusste ich schon. Was aber wohl in der großen Schüssel war, die Ingrid in der Hand hielt? Good, war ich neugierig. Endlich würde ich eine typische deutsche *dîner entre amis* kosten!

Ob es Knödel geben würde? Oder war das zu konservativ? Jetzt stand die Schüssel auf dem Tisch. Wenn ich mich jetzt etwas nach rechts beugen würde ... Jetzt konnte ich den Inhalt erkennen. Es waren ... Nudeln. Nudeln? Ich guckte noch einmal. Tatsächlich. Nudeln. Genauer gesagt: Spaghetti.

Überraschung.

Jetzt kam Georg mit zwei weiteren Schüsseln. Ich vermutete, dass darin keine Knödel sein würden. Braten konnte ich auch ausschließen. Ich beugte mich nach links und guckte in Schüssel A. Ich linste nach rechts und warf einen Blick in Schüssel B. Ich entdeckte: zwei unterschiedliche Saucen, die Georg den ganzen Nachmittag lang mit Blut und Schweiz vorbereitet hatte. Eine vegetarisch und eine mit Fleisch. Oder war es Lachs?

Deutsche kochen also Spaghetti, wenn Freunde zu Besuch sind. Schon wieder ein Klischee kaputt.

Na ja, Licard, dachtest Du wirklich, es gebe nur in Italien Spaghetti? Und keine in Frankreich, jetzt nur mal so als Beispiel? Natürlich doch, aber wenn ich mir diesen Abend bei Georg und Ingrid in Frankreich vorstelle, mit ungefähr die gleichen Personen, wir hätten anders gegessen. Erst mal natürlich ein Entree, das kann meinetwegen auch eine *Salate au chèvre chaud* sein, danach *Confit de Canard,* eine *Blanquette de veau* würde auch passen, oder ein *poulet à l'estragon, un boeuf mode,* ein *Osso Bucco ...*

Oh, das ist auch Italienisch.

Hümm ... Zurück zum Nudel. Ich würde sagen, Spaghetti wäre auch bei einem französischen Diner möglich, aber eher als Beilage zu einem Braten oder eine Fisch, nicht als Hauptgericht. Ingrids und Georgs deutsche Hauptgerichtnudeln schmeckten jedenfalls sehr lecker. Ich probierte natürlich *beide* Saucen: köstlich. Während ich die Spaghetti mit der Gabel aufwickelte, dachte ich darüber nach, ob ich nicht doch Franzosen kannte, die Nudeln als Basis für ihre Freunde kochen. Bei den Leuten von der Platten-Firma, mit denen ich mal beruflich zu tun hatte, hatte ich natürlich nie zu Hause gegessen. Ob sie in ihren Schränken Unmengen von Spaghetti liegen hatten? Nachmittagelang Saucen zubereiteten? Und keinen Gedanken an Aperitifs und Entrees verschwendeten?

Mensch, Licard, was waren das schon wieder für unnötige Gedanken! Du solltest Dich lieber an die Konversation interessieren, ermahnte ich mich. Probier mal, ein paar Sätze zu bauen!

Also zurück in die Außenwelt. Doch die Außenwelt schwieg. Es gab überhaupt keine Konversation. Die anderen guckten konzentriert ihre Teller an und aßen. Und zwar ohne Hemmungen. Offensichtlich war die Stille für niemanden weiter schlimm. Man saß zu Tisch. Man aß.

Oh, Du liebe Good. Ich hoffte so sehr, dass das nicht typisch deutsch war.

Und immer noch wurde gegessen. Ich blickte mich um. Schade, dass, die anderen Bier und keinen Wein tranken, sonst hätte ich mich ganz einer meiner Lieblingsbeschäftigungen hingeben können: Ich beobachte gerne, wie Deutsche Wein trinken. Seit mehr als zehn Jahre bin ich jetzt schon in diese Land, und immer noch macht es mir eine große Freude. Deutsche pflücken mit den Fingerspitzen das Glas und führen es langsam an ihre Lippen, die ganz sanft nur den Rand berühren.

Manchmal ich habe Bock zu sagen:

»Ey, Leute, das ist kein Messe-Wein! Trinkt ruhig, volle Lippe, macht wie wir Franzose, greift das Glas an sein rund Körper, fühlt die Flüssigkeit durch das Glas, spielt ein bisschen damit!«

Ich lasse es dann aber doch lieber bleiben.

Nach dem Essen merke ich oft, dass mein Glas das schmutzigste ist, mein Fingerausdrücke sind überall. Das kann man ganz deutlich sehen, weil auf deutschen Tischen ja immer Kerzen stehen.

Das Essen bei Georg und Ingrid war schnell vorbei, anschließend gingen wir in den Salon, etwas trinken. Unsere kleine Gesellschaft animierte sich wieder. Die gute Laune war sofort zurück. Ich hatte das Gefühl, das Essen war eine pure Notwendigkeit gewesen: Man hatte sich ernährt und damit seine Pflicht getan. Seitdem habe ich viele *dîner entre amis* in der deutschen Variante erlebt. Zum Glück bei den meisten mehr Gespräche. Auf dem Tisch stehen oft Schüsseln mit Nudeln und leckeren Saucen drin. Überraschen kann mich das nicht mehr: Ich habe die modernde deutsche Küche durchschaut. Und wer Billy ist, weiß ich jetzt auch.

FAQ – Foire aux questions IV
Was Deutsche von einer Franzosinne wissen wollen
(mit Antworten!)

»Was nimmst Du mit, wenn Du aus Deutschland nach Frankreich fährst?«

»Lebekuchen, aber die Echte aus Nüremberg, plus Zimtsterne am Weihnachten. Einmal habe ich Distelöl mitgenommen. Es ist gut gegen Cholesterin, es gibt keins in französische Supermärkte. Ich mache es jetzt aber nicht mehr, ich habe Angst, dass die Flasche in meinem Koffer explodiert.«

Auf der Berlinale II

Monsieur Mario, Russell Crow und der rätselhafte Binjamin

Nach dem Streit mit Catherine Deneuve – *der* Catherine Deneuve! – saß ich also nun in meine edle Hotel und bereitete mich auf meinen ersten Abend bei einer Berlinale vor. Wir würden ins Borchardt essen gehen, eine sehr berühmte Restaurant, zu dessen Gästen sogar Gerhard Schröder gehört. Der Marc achtete immer sehr auf seine Gesundheit, aber dieser Küche vertraute er. Ich fand die Idee auch gut. Bestimmt würden wir berühmte Leute sehen, über die ich dann in der Show berichten könnte. Das gab mir das Gefühl, ohne schlechtes Gewissen in einem berühmten Restaurant essen zu können.

Das Borchardt erinnerte mich an die großen Brasseries in Saint Germain des Prés, nur schlichter. Na gut, ganz so viel hatte es damit dann doch nicht zu tun. Nur ein kleine Hauch, vielleicht wie die Garçons gekleidet sind, mit lange weiße Schürze. Am statt ein Bœuf Bourguignon zu bestellen, ich folgte der Quasi-Order von dem Marc und bestellte ein Wiener Schnitzel. Die, erklärte mir mein Kollege, seien hier wirklich umwerfend gut. Ich stand nicht besonders auf diese panierte Fleisch, mit oder ohne Zitrone. Der Marc hingegen leckte beinahe die Teller ab. Eines Tages, schwör ich mir, würde ich ihn ein gute *confit de canard* probieren lassen.

Was die schöne Gesellschaft anging, erwies sich das

Restaurant als volle Treffer: Rechts hatten wir Veronica Ferres im elegante Abendkleid mit ihre Freund, links Mathieu Carriere und hinter mir …

»Nathalie, am Tisch hinter Dir sitzt der Redaktionsleiter vom ›Spiegel‹«, flüsterte mir der Marc zu.

»Oh! Müssen wir vielleicht leiser sprechen?«

»Und noch einen Tisch dahinter Mario Adorf.«

»*Wer*«?

»Du kennst Mario Adorf nicht? Einen der berühmtesten deutschen Schauspieler?«

Ich guckte versuchsweise mal in seine Richtung.

»Hm, vielleicht schon mal am Fernsehen gesehen.«

Der Marc schüttelte resigniert den Kopf und bot an, mir nach dem Essen noch den Gendarmen-Markt zu zeigen. Gerade als mir ein Garçon in den Mantel half, tauchte auf einmal Monsieur Mario auf. Er wollte wohl auch gehen.

»Bonsoir Madame«, sagte er und lächelte.

Ich muss ziemlich verblufft ausgesehen haben. Jedenfalls fügte er schnell auf Französisch hinzu, dass er mich von meine Auftritte in der Show kenne. Nicht zu fassen.

»Ah Monsieur Adorf! Woher kommt ihre perfekt Französisch?«

»Ich wohne in Frankreich, in Paris.«

»Neeein? Wirklich?«

Und so hatte ich gleich an meinem ersten Tag auf der Berlinale Gelegenheit, mich mit einem internationalen Superstar über *mein* Paris zu unterhalten – und das Ganze auch noch in meiner Muttersprache. Bevor Mario Adorf das Restaurant verließ, drehte er sich noch einmal um und sagte:

»Besonders gut hat mir in der Show übrigens die Ketchup-Bombe gefallen.«

Am nächsten Morgen traf ich den Marc am Frühstück. Der Saal war voller Journalisten, die auch wegen des Filmfestivals da waren. Der Marc hatte das Programm aufmerksam gelesen, sein Plan lautete: Priorität Russell Crowe, das bedeutete seinen neuen Film plus Pressekonferenz. Dazu dann noch alle anderen Pressekonferenzen, ganz egal, ob wir den jeweiligen Film nun gesehen hatten oder nicht. Ich war ganz seiner Meinung: Diese Reise sollte sich ja schließlich armohrtieren.[1]

Der Film mit Russell Crowe gefiel mir. Russell spielt darin ein Genie in Mathe. Wie viele Genies, er ist ein bisschen verrückt und sogar gewalttätig. Nach der Vorführung gingen wir sofort zu dem Saal, in dem die Pressekonferenz stattfand. Ich musste meine Fragen heute auf Englisch stellen, das machte mich nervös. Und dann stahl mir direkt der zweite Journalist auch noch meine Frage. Scheiße, Scheiße et Merde! Blöder Journalist. Ich hatte Russell fragen wollen, ob er in der Schule gut in Mathe war; na, das konnte ich jetzt vergessen. Panike.

Dann war ich dran. Ich stellte mich auf Englisch vor: Der komplette Saal fing an zu lachen.

»Mister Russell Cro, Sie waren nicht gut in Mathe. Das ist nicht erstaunlich …«

Oh Du meine Gute, was für ein schwarze Blick! Dieser Typ, das merkte ich deutlich, hatte null Humor. Er fixiert mich jetzt intensiv, ironisch. Na und? Ich machte weiter.

»Ich kann mir allerdings gut vorstellen, dass Sie wie der Hero in der Film ein paar Prügeleien provoziert haben. Könnten Sie wohl bitte, bitte, uns eine kleine Story erzählen?«

Okay, meine Frage war vielleicht blöd, aber der Saal lachte jetzt noch lauter, ja, die Stimmung war wirklich leger. Nur der blöde Mann da vorne, der tat so, als ob er mich nicht verstehen würde. Er schüttelte sein Kopf und ließ sich von seiner Film-Partnerin Jennifer Connelly, die gleich neben ihm saß, noch einmal ausführlich erzählen, was diese Plage mit dem seltsamen Akzent um Himmels Willen von ihm wollte. Dafür musste Jennifer allerdings erst einmal zu Ende lachen. Dann wiederholte sie an sein Ohr meine Frage.

Russell starrte mich mit der geballten Missachtung an, die ein Schauspieler seiner Klasse ausdrücken kann. Das war also seine Antwort. Auch nicht schlecht. Der Saal lachte und pfiff.

In den letzte Tage machten wir unsere Stars-Sammlung weiter. Es war fast Routine geworden. Der Moderator der Pressekonferenz gab mir immer sehr gerne das Wort, mit einem Komplize-Lächeln. Und jetzt sollte auch noch Einzelinterview gemacht werden. Am Anfang träumten der Marc und ich von Hollywoodstars. Am Ende war es ein Engländer. Er hieß Binjamin. Binjamin … Hm. Sein Nachname fällt mir nicht mehr ein. Na gut, ich glaube, er ist nicht so bekannt.

Dafür war Binjamin sehr lustig und total begeistert von meine Englisch. Mit eine gewisse Ehrgeiz versuchte er, die Wörter zu erraten, die er nicht verstand. Seine Antworten waren klasse. Am Ende war die Stimmung am Flirten. Er lud mich sogar zum Abendessen ein. Na gut, das war ungefähr zwei Minuten, nachdem ich ihn gesagt hatte, dass wir am Nachmittag zurückfliegen würden. Aber trotzdem. Wir hatten eine super Interview und nur ein klitzekleines Problem: Wer, bitte schön, wollte diesen Binjamin hören?

Ich saß wieder an meine Telefonzentrale. Morgen sollte ich in der Show auftreten. Und es war schon klar, sie würden nicht zeigen meinen Streit mit Catherine Deneuve. Ich konnte es nicht fassen.

»Hm, ja, das ist zwar alles sehr lustig, aber auch sehr lang und nicht leicht zu schneiden«, sagten sie. »Außerdem habt ihr so viel gutes Material mitgebracht …«

Ah ja. Jetzt probierten sie, mir zu schmeicheln. Auf der Bühne erzählte ich Arald und Manuel meine Abenteuer. Besonders gut kam der böse Blick von Russell Crowe an. Ob er wohl so geguckt hat, weil ich ihn Russell Cro genannt habe? Laut Arald könnte das der Grund gewesen sein. Ja nun. Crowe, Cro, wo ist da der Unterschied? Und es gibt noch eine Frage, auf die ich bis heute keine Antwort gefunden habe: Wer ist eigentlich dieser Binjamin?

---

[1] An dieser Stelle mag man sich kleine, französisch sprechende Tiere mit Ohren an den Armen vorstellen. Dem Übersetzer jedenfalls erging es so. Tatsächlich aber nähert sich die Autorin mit »armohrtieren« behutsam dem schönen deutschen Wort »amortisieren« an. Ihre Erklärung: »Ich habe das Gefühl, dass ich es so in meine Wörterbuch gesehen habe.«

FAQ – Foire aux questions V
Was Deutsche von einer Franzosinne wissen wollen
(mit Antworten!)

»Haben die Deutschen es geschafft, Dich etwas machen zu lassen, das Du in Frankreich nie gemacht hättest?«

»Ja, Sport. Meine Freundin Bettina ist schuld, sie hat von ein Tag zu der andere mit Sport angefangen, ohne große Ankundigung. Ich habe peu à peu festgestellt, wie gut das auf sie gewirkt hat. Sie hat mir nie gesagt: ›Du solltest unbedingt …‹ oder ›Komm doch mit, wäre nicht schlecht für Deine Figür‹ oder so – was ich auf ihre Stelle gemacht hätte. Sie hat einfach nur weiter gemacht, und ich habe sie immer weiter bewundert. Was für ein Wille, was für eine Konstanz. Und ein Tag, auf einmal habe ich mich gehört zu sagen: ›Bettina, morgen komme ich mit Dir laufen!‹ Das habe ich ein paar Monate später aufgehört, weil ich platte Füße habe. Aber ich gehe doch ab und zu mal walken. Und ich mache ganz fleißig Yoga! Na gut, erst seit zehn Monaten, ich bin aber immer noch total begeistert. Sie hat noch etwas erreicht, mich machen zu lassen …«

»Was?«

»Tourist in meine einige Land zum werden!«

»Das heißt?«

»Einmal waren wir zusammen in Paris und wir sind in die Bar gegangen, wo man den Film ›Der fabelhaft Welt der Amelie‹ gedreht hat. Das war voll Japan und Italiener, und ich fühlte mich auf einmal mitten in Montmartre, wo ich vier Jahre gewohnt habe und wo ich mich immer noch oft bin, wie eine Ausländerin.«

»Und?«

»Oh, eigentlich, das war ein ganz schönes Gefühl.«

Ich liebe Schublade

Die deutsche Sprache – ihre Macken, ihre Abgründe, ihre Schönheit

Ich widerstehe.[1]

Ich mache es nicht absichtlich, aber ich weiß, dass ich an die deutsche Sprache stehe wider. Irgendwie ich akzeptiere nicht ihre Struktur.

Ich weiß immer noch nicht nach so viel Jahre, an was das liegt: Ist es eher, weil ich sowieso nicht talentiert im Sprache-Lernen bin? Oder ein bisschen faul? Oder weil man mit 30 Jahre nicht mehr richtig eine Sprache lernen kann? Ist es vielleicht sogar ein kulturell Widerstand? Das würde mir natürlich eher gefallen. Eins ist klar: Ich suche immer wieder Entschuldigungen. Meistens finde ich welche.

*

Meine erste große Schock war die trennbar Verben.

Klar, ich wusste schon, dass es Deklinationen gibt. Das ist bekannt und der Hauptgrund, warum die französischen Kinder nicht Deutsch lernen wollen: Sie wissen, das wäre der gleiche Albtraum wie in Latein. Wer, bitte schön, hat heutzutage Bock, sich freiwillig mit Akkusativ, Dativ und Genitiv konfrontieren zu lassen, während der Nominativ doch eigentlich reichen würde?

Aber das man Verben auseinander schneiden muss! Und die Einzelteile nach völlig obskuren grammatischen

Regeln an komplett unterschiedlichen Stellen in den Satz stecken darf! Ohne Quatsch, das hatte mein dünn Mut-Kapital zerstört.

Schnell war ich überzeugt, dass diese linguistische Missbildung bestimmt eine Einfluss auf die mentale Identität der Deutschen hat.

Am statt zumindest zu versuchen, die Regeln zu verstehen, fand ich es viel interessanter und nobler, meine Energie in diese Richtung zu investieren. Ich hatte sehr schnell Erfolg und eine – wie ich fand – sehr überzeugende Theorie gebaut: Es ist unter anderem wegen die trennbar Verben, dass Deutsche so diszipliniert und höfflich sind!

Meine Theorie habe ich öfter Franzosen als Deutschen dargestellt. Bei ihnen bekam ich einfach sofort viel mehr Resonanz. Vor allem bei Franzosen, die keine deutschen Kenntnisse haben. Das heißt: bei den meisten.

Warum sind Deutsche also so diszipliniert? Nun, sie können sich – anders als wir – nicht gegenseitig beim Reden unterbrechen. Und das liegt daran, dass sie so viele trennbar Verben haben. Man muss sehr, sehr oft bis zum Ende des Satzes warten, wenn der zweite Teil vom trennbar Verb aufgetaucht ist, um überhaupt seinen Sinn zu verstehen. Das Verb »geben« zum Bespiel hat viele Variationen: auf-geben, an-geben, ein-geben, wieder-geben, über-geben, ja und zu allem Überfluss ist das letzte nicht trennbar!

»Ich gebe auf.« Stimmt. »Ich gebe Dir einen Brief über.« Falsch! Warum? Keine Ahnung, keine Regeln. Man muss es nur wissen.

Mein französisches Publikum ist da meist schon sehr beeindruck. Es leidet mit.

Dann hat jede Verbe-Variation auch noch mindestens

drei bis sechs unterschiedliche Bedeutungen. Zum Beispiel »aufgeben«: »Ich gebe das Rauchen auf«, »Ich gebe einen Brief auf«, »Gibst Du auf?«. Immer dasselbe Verb, jedes Mal eine völlig andere Bedeutung. Dass heißt, Du musst wirklich warten bis zum Suffixe, nein: bis zum Ende der Satz, um zu verstehen.

Leider kann man nie komplett gegen Vollidioten und Besserwisser geschützt sein. Deshalb habe ich schon häufiger gehört:

»Ja aber Nathalie, jede Sprache hat Ihre Schwierigkeiten. Es ist wie so oft im Leben: Man muss üben und üben …«

Solche blöd Bemerkungen machen mich wütend. Aber ich bleibe cool und hole zum endgültigen K.O.-Schlag aus.

»Ja, meine Liebe, nur hast Du dazu noch die falschen trennbar Verben, die genauso klingen und geschrieben werden wie die echte!«

Mein Gegenüber guckt mich verständnislos an, ich fahre triumphierend fort.

»Wie, bitte schön, kann ich unterscheiden zwischen »über-gehen« und »übergehen«? Über-legen und überlegen? Um-fahren und umfahren? Hm? Und davon könnte ich Dir noch hunderte Beispiele nennen!«[2]

Das reicht. Mit großem Vergnügen lese ich in die Augen meines Gegenübers, dass es endgültig *à ma cause* gewonnen ist.

Ich weiß, was meine Zuhörer denken:

»Oh mein Good, was macht sie nur in diesem Land?«

Alternativ: »Oh mein Good, sie wird es nie schaffen.«

*

Erstaunlicherweise, die Deutsche machen viel mehr Kommentare über mein Akzent oder mein Art, keine »H« auszudrucken[3], als über meine grammatisch Fehler.

»Ausdrucken« ist gut.

Wie kann man einen 'auch, *pardon,* Hauch ausdrucken?

Bei uns gibt es natürlisch auch das H. Wir sagen, es ist eine stumme Buchstabe. Man braucht ihn nicht auszudrucken, es ist ein nix, ein weiße Stelle, eine Pause. Man muss ihn ignorieren.

Und das ist genau das Probleme. Zwischen einem Nix (im Französischen) und einem 'auch (im Deutschen) gibt es nicht genug Unterschied!

Wenn das H einen klar Ton signalisieren würde, zum Beispiel den Ton KRÖ, dann gäbe es kein Problem. KRÖ wäre deutlich und penetrant genug, um es sich zu merken. Ich hätte kein Problem zu sagen:

»Kröallo! Ich kröeisse Nathalie und arbeite mit Kröarald.«

Kinderleicht. Kröingegen »'allo! Ich 'eiße Nathalie und arbeite mit Arald« – unzumutbar.

*

Gelegentlich stelle ich Deutschen folgende knallharte Frage.

»Deine Meinung nach, wie viel Konsonanten in einem Stück, also ohne Vokale dazwischen, können in ein einzige deutsch Wort stecken?«

Die Antwort lautet in der Regel:

»Öh, keine Ahnung. Warum?«

»Wie warum?«

Ich kann's nicht glauben. Das nervt mich. Offensichtlich findet man meine Frage gar nicht relevant, es ist ungefähr die gleiche Reaktion wie bei die trennbar Verben! Auch wenn es offenbar niemanden so richtig interessiert, kann ich mir die Auflösung des Rätsels nicht verkneifen.

»Füuuuunf! Meine Liebe, fünf, und ich verstehe wirklich nicht, warum Du es nie gemerkt hast! Wenn ich so ein Kontingent an Konsonante sehe, er springt mich an die Augen!«

Ich gebe zu: Ich machte ein bisschen Theater. Aber deswegen höre ich noch lange nicht auf. Ich habe nämlich Beispiele auf Lager, sehr schöne Beispiele sogar!

»Wie soll ich bitte schön ein Wort wie »wirtschaftlich« ausdrucken? Wie liest Mann: ›rtsch‹ oder ›rksch‹ oder ›rschm‹ oder ›ntsch‹ oder ›ndsch‹ oder ›ntspr‹?«

»Ja schön, aber Nathalie, aber ich finde, Du übertreibst ...«

»Nee! Bei uns, in Frankreich, Du hast eine Vokale pro Konsonant. Gut, manchmal zwei Konsonant.«

Ich beginne zu schwärmen.

»Das ist eine perfekt Gleichgewicht, eine schöne Harmonie! Alle Worte sind hydratiert, geölt dank die Vokale.[4] Sie sind einfach auszudrucken, kein Risiko, dass ein Konsonant bleibt zwischen Deine Zähne oder quer in die Kehle!«

Das ist meistens der Zeitpunkt, an dem mein Einsprächtpartner[5] anfängt, Widerstand zu leisten.

»Ja, aber im Französischen gibt es Buchstaben, die da zwar schwarz auf weiß stehen, die aber nicht ausgesprochen werden! Und dann diese Artikel überall. Warum heißt es, bitte schön, ›Nous mangeons de la viande‹, hm?«

»Weil ›wir essen Fleisch‹ ist uns schon wieder viel zu trocken! Wenn ich das höre, habe ich das Gefühle, dass ein fünfjährige Kind spricht. Oder ein Ausländer, der sich noch sehr rudimentär ausdruckt; er kennt gerade genug Worte, um zu überleben! ›Ich suchen arbeiten‹, ›ich wollen wohnen‹ …«

»Also wirklich …«

»Was? Na ja, ich weiß, es ist völlig absurd, aber wirklich, meine kleine Artikel fehlen mir immer noch … Ich habe gemerkt, dass ich oft Ersatz benutze. Ich sage lieber: ›Haben Sie noch ein bisschen Brot?‹ als ›Haben Sie noch Brot?‹« Oder noch einfacher, ich mache eine Fehler und stecke ein Artikel in den Satz, wenn er mir zu notwendig ist.«

»Es ist sozusagen ein Akt des Widerstands.«

»Aber nein … ich mache es nicht absichtlich, ich bin nicht stolz darauf. Aber ich … ich widerstehe!«

*

Trotz allem, ich mag sie. Doch, ich schwöre es, ich mag die deutsche Sprache. Vielleicht weil ich gegen sie – oder mit ihr – seit Jahren kämpfe. Ich weiß, dass ich diese Kampf schon verloren habe. Dafür habe ich aber etwas anderes gewonnen: eine zusätzliche Identität. Ich bin Ausländerin. Es ist so toll, 30 Jahre lang war ich nur eine Französin unter vielen. Hier höre ich hingegen sehr oft: »Nee, wirklich? Ach super! Aus Paris? Eine Französin!«

Manchmal bin ich sogar *die* Französin.

In Deutschland ist man ein Held, sobald man probiert, die Sprache zu radebrechen. Man bekommt eine volle Unterschützung und Ermutigung plus Entschuldigung für die grammatisch Kompliziertheit. Das passt mir.

Ich mag die deutsche Sprach auch, weil sie nicht so undankbar wie die englische ist. Wenn du eine deutsche Wort kennst, Du wirst es wiedererkennen in jedem Satz, und wenn Du zurechtkommst mit die Konsonant, Du wirst es ausdrucken und es wird von dem deutsche Publikum verstanden. Nicht so im Englischen. Die beiden Wörter »Work« und »Walk« kenne ich, seit ich mit zwölf meine erste englische Unterricht in der Schule hatte. Wenn ich eins von beiden benutze, englische Ohren verstehen systematisch das andere. Ich unterscheide sie übrigens auch nicht, wenn jemand anderes sie ausdruckt. Es ist hoffnungslos.

Wenn französische Lehrer ihrer Schülern erklären wollen, wie man den englische Akzent nachmacht, sagen sie:

»Stell Dir vor, Du sprichst mit einer warmen Kartoffel im Mund.«

Ich kämpfe lieber gegen Konsonant als gegen Kartoffel.

*

Ich finde die deutsche Sprache auch schön. Nicht harmonisch wie meine Sprache, nein, ihre Schönheit ist gekünstelt, geziert, strukturiert, mit eine tiefe Stimmlage, voller Kontraste: mit harten Stellen (vielleicht wegen Konsonant-Übermaß), gefolgt von zarten Pausen. Die deutsche Sprache ist vornehm, sie hat Haltung, sie hat Chic.

Ich habe sogar Lieblingswörter. Zum Beispiel »Abteilung«. Meine beste Beispiel, um zu beweisen, dass die Sprache schön ist. Schon beim Lesen merkt man: »Abteilung« hat Chic. Sie hat Höhe, mit vier Buchstabe, die sie Richtung Himmel schicken, und eine gute fette »g« am Ende, um diese Schwung aufzufangen. Neun Buchstabe ist eine gute Länge. Jetzt der Ton, der Klang! Raffiniert, kompliziert, aber ausgeglichen genug hydratiert mit den drei Vokalen. Der Anfang ist sehr wichtig. »Abte«. Ich weiß, normalerweise ich sollte nicht das »e« von dem »i«

scheren[6], aber mündlich passt das doch. »Abte« klingt sehr schön und sinnlich. Wenn man es leise ausdruckt, sogar erotisch. Man kann »Abteilung« langsam sagen, das klingt schön und charmant. Man versuche das mal mit »wirtschaftlich«! Es ist deutlich schwieriger.

Ah! Schublade, ich liebe Schublade! Für Französin-Ohren, diese Wort ist super lustig! Er ist rund, pausbäckig. Ich drucke es aus und denke es mit einem übertriebenen südfranzösische Akzent. Diese Wort ist für mich ein Ufo in der deutschen Sprache, es sollte französisch sein! Ich weiß, dass ich Recht habe, weil ich oft es getestet habe bei meine Freunde und Familie. Sie sind alle meiner Meinung.

Der Satz »Ey petite! Passe-moi la Schublade!« – »Du, Kleine! Gib mir die Schublade!« – mit einem südfranzösischen Akzent ist perfekt. Er könnte aus einem Buch von Marcel Pagnol oder Alphonse Daudet kommen! Schublade riecht nach einer guten »Bouillabaisse« und verdient Zikaden-Gesang.

»Klamotte« ist von die gleiche Abteilung wie »Schublade«. Die lustige Abteilung. Es ist nicht drollig, eher leicht und heiter. »Klamotte« plätschert in die Sätze. Ich benutze es sehr oft. »Kleidung« hingegen nie! (Ich habe gerade eine halbe Minute gebraucht, um mich an »Kleidung« überhaupt zu *erinnern!*) Weil man nicht so oft die Gelegenheit hat, Klamotte zu benutzen, schaffe ich mir einfach neue Möglichkeiten. Zum Beispiel spitznenne ich ab und zu eine Person »Klamotte«: Kollegen oder Freunde, Deutsche, aber auch Franzosen.

»Merde alors!« Das habe ich nie so oft gehört wie hier. Viele Deutsche sagen mir das, natürlich, um mich zum Lachen zu bringen und mit mir eine kleine Stück meiner

Kultur zu teilen. Die kühneren sagen auch »Voulez vous coucher avec moi?«, die gebildeten: »Ach! La France, la grande nation!« Sie wissen nicht, dass der Ausdruck »la grande nation« ungebräuchlich in Frankreich ist.

»Scheiße« gehört an den Rand der Liste von meinen Lieblingswörtern. Ich kann nicht sagen, dass ich das Wort liebe, es hat aber auf jeden Fall sein französische Kollege ersetzt. Ich finde es effizienter. Sein Klang korrespondiert perfekt mit seiner Bedeutung. Durch das »sch« und das »ß« rutscht der Ton geradezu. Das »ei« erinnert mich an das französische »aïe«, das so viel wie »Autsch!« bedeutet. Erlebt man eine unangenehme Überraschung, kann man »aïe, aïe, aïe« rufen. Für mich ruft das »ei« beim Ausdrucken in Erinnerung, warum man gerade »Scheiße« sagt. Ich benutze es oft auch dann, wenn ich mich auf Französisch unterhalte.

Für »Schlompe« habe ich eine besondere Zärtlichkeit. Ich ausdrucke es natürlich *à la Française:* Das nasalierte »am« klingt wie ein einziger Ton, es ist rund, deutlich eleganter. Die deutsche Fassung »a-m« ist mir zu gestreckt. Schlompe klingt einfach offensichtlich schön. Alle meine französische Kaninchenversuche[7] lieben es.

Das Problem ist sein Sinn. Ich muss immer aufpassen, wenn ich das Wort »Schlompe« benutze. Ich gebrauche es fast nur in seine süße Bedeutung: »kleine, lustige, wilde Person«.

Vor ein paar Jahren machte eine wichtige deutsche Wochenzeitschrift mit mir eine lange Interview. Die Journalistin begleitete mich ein ganze Nachmittag, sie war blond und hatte kurze Haare: sehr jung, sehr hübsch, sehr sympathisch. Nach ein paar Stunden wir sprachen fast wie zwei alte Kumpel über alles mögliches. Ein Woche später erschien das Interview, der ersten Satz zählte nur ein

Wort: »Schlompe.« »Abteilung«, »Schublade« und »Klamotte« waren nicht erwähnt.

Zwei Stunden später rief meine Schwester Sylvie bei der Telefonzentrale an. Oh la la! Ich hatte vergessen ... ihre Nachbarn sind deutsch.

Übrigens: Meine älteste Schwester Sylvie, die mittelweile bestimmt 30 deutsche Wörter kennt, hat auch ihre Liebling: »kööstllisch«. Ist auf jeden Fall viel unverfänglicher als »Schlompe«.

---

[1] Es ist das Verdienst der Autorin, in jahrelanger Kleinarbeit eine völlig neue Sprache entwickelt zu haben: das Nathalie-Deutsch. Gerade in diesem Kapitel erschien es dem Übersetzer sinnvoll, mehr Eigenheiten des Nathalie-Deutschs als in den anderen Texten stehen und für sich wirken zu lassen. Wenn die Literaturkritik erst einmal die ganze linguistische Innovationskraft und philosophische Tiefe der Autorin wahrgenommen hat, wird über eine zweisprachige Studienausgabe zu reden sein. Hat bei Aristoteles ja auch geklappt.

[2] Für alle deutschen Leser, die sich darüber nachvollziehbarer Weise noch niemals Gedanken gemacht haben, hier ein paar Beispielsätze, die das Problem furios veranschaulichen. »Der Himmel ging von einer blauen in eine schwarze Farbe über.« »Er überging ihn.« Zweimal übergehen, einmal trennbar, einmal nicht trennbar, zwei völlig unterschiedliche Bedeutungen! Ebenso: »Ich lege Dir eine Decke über« versus »Ich überlege etwas«. Schließlich: »Ich fahre die Ampel um« versus »Ich umfahre die Unfallstelle.« Irre, oder? Das muss man erst mal lernen.

[3] Zu den Besonderheiten im Nathalie-Deutsch gehört es, dass die Autorin »ausdrucken« schreibt, wenn sie »ausdrücken«

meint, aber eigentlich »aussprechen« sagen wollte. Klingt kompliziert, ist aber ganz einfach: »ausdrucken« = »ausspre-chen«.

4 Hydratiert? Was soll das nun wieder heißen? Dazu folgende Stellungnahme der Autorin: »Pardon? Wie bitte? Die Deutsche haben kein Wort für hydratiert? Also, ich kann meine Nase in Worte-Buch stundenlange stecken, ich kann sogar auch – wenn wirklich nötig ist – mich für die deutsche Grammatik interes-sieren oder, besser gesagt, aktivieren der Auto-Korrektur von meiner Computer. Ich kann aber nicht eine Sprache weiter be-nutzen, die keine Wort für ein so wesentliche Konzept hat! Na gut, sie haben der Substantiv: die Hydratation, aber der passende Verbe nicht, man muss sagen: ›mit Feuchtigkeit ver-sorgen‹. Das heißt, in diese Fall, ich sollte sagen: ›… alle Worte sind mit Feuchtigkeit versorgt, geölt dank die Vokale.‹ Nee, es tut mir leid, das klingt lächerlich, ich mache nicht mehr mit … ich widerstehe!«

5 Weniger originell, aber irgendwie richtiger: »Gesprächspart-ner«. Die Autorin meint, dass daran aller Wahrscheinlichkeit nach ihr Computer schuld sei: »Kann sein, es ist meine auto-matische Korrektür, er bietet mich an mehrere Möglichkeit, und ich habe gewählt die falsche.«

6 Der Übersetzer neigt dazu, »scheren« an dieser Stelle mit »trennen« zu übersetzen. »Scheren« ist aber auch toll.

7 Ob die Kaninchenversuche der Autorin vor den Experimen-ten Fieberlampe haben? »Fieberlampe« gehört zu den fulmi-nantesten Wortneuschöpfungen der Autorin. Der Übersetzer schlägt an dieser Stelle jedenfalls »Versuchskaninchen« vor. »Kaninchenversuch« ist aber auch toll.

»Ist es nicht ein totales Klischee, dass man so lecker in
Frankreich isst und dass die Franzosen die besten Liebhaber sind?«

»Für die Liebhaber weiß ich nicht, ich sollte viele mehr
Erfahrung sammeln, um mir ein Verurteilung zu erlauben. Bist jetzt habe ich kein besondere Unterschied no-
tiert. Für das Essen, das stimmt. Bei uns es ist viel mehr
zelebriert! Hümmm, und wenn ich richtig denke …«
    »Was?«
    »Wie soll ich das ausdrücken, es gibt sogar eine Verbin-
dung zwischen beide … Zwischen Liebe und Küche …
Aber wie kann ich das erklären?«
    »Sag mir, wie Du isst, und ich sage Dir, wie Du liebst …
So in der Art?«
    »Ja genau! So in der Art … Ah ja, ich habe ein Beispiel,
Du solltest verstehen …
    Mein Freund Philou aus Paris war neun Jahre lang zu-
sammen mit die Lisa. Und wir, die Freunde, haben uns
neun Jahre lang gefragt warum. Vor fünf Jahre haben wir
sein 40. Geburtstag alle zusammen im Restaurant gefei-
ert. Als Geschenk wir hatten ein Kupferkasserolle-Set
organisiert. Wir waren in einem feinen Restaurant, das
die Lisa ausgesucht hatte. Sobald Philou und Bruno die

Karte gelesen hatten, guckten sie sich an und lächelten. Sie wussten, dass sie das Gleiche essen werden: *une tête de veau.*«

»Eine *was?*«

»Kalbskopf.«

»Ach.«

»Lisa jedenfalls ist irgendwie sehr nett, sie ist aber nicht so locker wie wir. Sie lacht gerne, aber nur über bestimmte Dinge. Sie ist ein bisschen Snob. Mit eine verkrampfte Gesichte, sie sagte, dass sie nicht verstehen kann, dass man eine *tête de veau* isst, überhaupt in eine feine Restaurant. Philou hat uns später erzählt, dass er ganz genau an diese Augenblick seine Entscheidung getroffen hat. Ihm war auf einmal klar, er könnte nicht bleiben mit eine Frau zusammen, die bestimmen wollte, was er essen sollte! Und die so viel Missachtung für eine *tête de veau* hatte!«

»Hm.«

»Das war die Tropf, das er brauchte, um sich zu befreien. Der Tag danach, am Frühstück, hat er Schluss gemacht! Und, ist das nicht typisch französisch? Ist das nicht stärker als alle Klischees?«

»Ja, doch …«

»Kannst Du Dir das bei Deutsche vorstellen?«

»Nein.«

»Ich auch nicht.«

Eine Franzosinne
mit gelbe Schuhe
Unterwegs in Cannes
in beruflicher Mission

Der magische Draht

»Hättest Du Lust, nach Cannes zum Filmfestival zu fahren?«

Manuel stand vor mir und warf mir einen spöttischen Blick zu.

Es war Montag, beinahe Mittag. Die Autoren, der Moderator und Manuel hatten im Konferenzzimmer die Woche geplant und dabei wie immer laut gelacht. Das konnte ich bis zur Telefonzentrale hören.

»Wenn Du glaubst, das könnte die Show helfen …«

Was glaubte er? Dass ich seine Füße küssen würde, oder was?

Manuel lächelte, ich auch. Er wusste, dass ich wusste, dass er wusste, dass ich mein Begeisterung mit Schwierigkeit und Koketterie beherrschte. Ich wusste aber nicht, ob er wusste, dass ich plötzlich trotz unseres Erfolgs bei der Berlinale Schiss hatte: Ich will nicht arrogant sein, aber Cannes ist ein andere Nummer, es ist nicht die gleiche Abteilung wie Berlin. Es ist der größte Filmfestival der Welt.

Ich starrte es an. Ich starrte das Mittelmeer an. Wir waren seit gestern da. Ich beneidete den Marc. Er kostete jeden Moment aus, spielte mit seine modische Sonne-

Brille und genoss beim Frühstück auf der Terrasse den Blick aufs Mittelmeer. Ich dagegen starrte. Das war anstrengend.

Wir waren nicht im »Carlton« oder im »Martinez«, aber immerhin gleich daneben, auch auf die Promenade. Gestern Abend hatten wir als Ouvertüre einen Film von Woody Allen gesehen, »Hollywood Ending«. Ich liebe Woody Allen, ich hatte noch nie ein Film von ihm gesehen, der mir nicht gefallen hat. Bis gestern.

Ich starrte das Mittelmeer an. Wir waren auf dem Weg zum »Palais des Festivals«, in zwei Stunde sollte die erste Pressekonferenz stattfinden. Ich war in Cannes, und das wollte ich *auch* genießen. Ich gab mir wirklich alle Mühe.

»Ja super, hurra! Ich bin in Cannes!« jubelte ich mir selbst zu. So richtig fröhlich klang meine innere Stimme allerdings nicht.

»Ja und? Du bist in Cannes, aber Du weißt immer noch nicht, was Du Woody Allen fragen wirst«, meckerte sie. Nein, so ging das nicht weiter. Ein wenig Optimismus konnte jetzt wirklich nicht schaden.

»Okay, Du wirst sicher eine Lösung finden«, sagte meine innere Stimme. »Mach es doch wie alle auf der Promenade: Habe eine strahlende Miene!«

Ich schaute die anderen an. In der Tat: überall strahlende Miene. Es gab allerdings auch Unterschiede. Die einen guckten wie Urlauber mit eine berufliche Hauch. Die anderem guckten, als seien sie bei der Arbeit, aber mit einem Urlauber-Hauch. Nur ich zog so eine Fresse.

»Wie machen die das alle?«, bohrte der Selbstzweifel in mir. »Wissen sie schon, was sie Woody fragen werden? Und … haben sie den Film wirklich gemocht?«

Der Marc wollte mir helfen. Er gab sich Mühe. Doch es nutzte nichts: Ich fand alle seine Frage blöd, banal, interesselos. Genauso wie meine. Nun, das war woll eine Blockade. Wäre es nicht Woody Allen gewesen, ich hätte bestimmt eine Lösung gefunden. Aber jetzt, in diesem Augenblick, fühlte ich mich ... erwischt. Ich hatte die Möglichkeit, einem Regisseur eine Frage zu stellen, der mir sehr wichtig war. Und das ausgerechnet über einen Film, den ich nicht mochte. Und das Schlimmste war, dass er in diese Film auch noch eine Liebe-Erklärung an die Franzose machte. Ja, es war alles nicht gerade einfach.

Schließlich rief der Marc die Redaktion in Köln an. 20 Minuten später meldeten sich unsere Autoren-Kollegen mit ein paar Vorschläge. Na denn: auf zur Pressekonferenz.

Ich überdehnte meine rechte Arme. Die dazugehörige Flanke auch. Eigentlich genau wie bei meine Yoga-Übungen. Nur traute ich mich nicht aufzustehen. Noch nicht. So langsam wurde ich richtig wütend. »Wenn dieser blöde idiotische französische Moderator mir nicht endlich das Wort gibt, ich werde machen ein Malheur!«, raste es durch meine Birne. Als wir unsere Akkreditierung abgeholt hatten, hatte ich erfahren, dass mehr als 4000 Journalisten angemeldet waren. Nun hatte ich das Gefühle, sie waren alle in diese Raum. Ich fühle mich verloren. Verloren in einem Wald aus Armen.

Was? Was macht dieser Trottel denn jetzt schon wieder? Okay, ich verstand: Er hatte das Wort an eine Journalistin gegeben und ihr dabei ein Blinzeln gemacht. Typisch französisch. Wie sagt meine Freundin Bettina immer? Die Franzose sind immer am Flirten.

So, jetzt aber! Nein. Dieses Mal machte er einem Typen ganz vorne eine klein Geste. Der war also als nächstes
dran. Ja toll. Und ich? Mir wurde immer klarer: Das war
eine Mafia hier. Sie kannten sich alle wahrscheinlich schon
seit Jahren, da hatte jemand wie ich keine Chance …

»Was? Ich glaube, ich spinne!«, dachte ich. Jetzt hatte
der Moderator auch mir ein Blinzeln gemacht, dann noch
eine klein Geste. Ich war als nächste dran! Und schon so
früh. Das wäre doch nicht nötig gewesen.

Anstatt mich über diese freundliche und charmevolle
Moderator zu ärgern, ich hätte mal lieber meine englische
Wörter wiederholen sollen. »Snails«. »Schnecke«. »Ger-
main Television«. »Hello, mein Name ist … Nein, *is* …«
»Frogs.«

»'allo, mein Name ist Nathalie Licard, ›Arald Schmidt
Show‹, Deutschland. Herr Woody Allen, vielleicht können Sie mir helfen. Ich habe eine Frage an Sie. Mein Englisch ist sehr schlecht!«

Die ersten lachten. Das lief ja so gut an wie in Berlin.
Super.

»Wie würden Sie psychologisch erklären, dass Franzosen Schnecken und Frösche essen?«

Woody machte eine komische Gesicht.

»Franzosen machen *was?*«, fragte er spürbar verunsi-
chert.

Es lag wohl an dem Wörtchen »snails«. Ich sprach es
so aus: »sneils«.

Das war offenbar nicht ganz korrekt.

»Sneils«, sagte ich.

»Snähhhhls«, sagten meine Kollegen.

Woody Allen begann langsam zu verstehen.

»In Deutschland denken nämlich alle, die Franzosen
spinnen …«, erläuterte ich meine Motivation.

Woody Allen lächelte. Er schüttelte weise den Kopf. Er guckte mich an – *mich*, mich kleine gekochtes Gemüse von der Telefonzentrale aus Köln, schüttelte erneut den Kopf und antwortete:

»Das Gleiche, was ich auch über Beziehungen sagen würde: solange es funktioniert …«

Er sagte noch einige andere kluge Dinge, beteuerte, er könnte niemals einen Frosch essen und auch keine Schnecke, kein Pferdefleisch und keine Art von Gewürm und auch keine Hunde, aber wenn es nun mal Teil der Kultur sei …

»Noch schlimmer ist Affenhirn«, stellte er fest. »Es gibt Kulturen, die essen *das!* Noch irgendwelche andere Fragen?«

In dem Saal in Cannes ich verstand natürlich nicht einmal die Hälfte, dafür war ich zu aufgeregt und mein Englisch zu schlecht. Aber ich bekam ganz genau mit, dass mich der Moderator danach mehrere Mal anlächelte. Ich machte mich keine Sorge mehr für die nächste Pressekonferenz.

Später lag ich in meinem Bett und genoss mein kolossalen Triumph. Irgendwie fühlte ich mich genial. Na gut, meine Kollege aus Köln waren auch genial. Wir hatten sie gleich nach der Pressekonferenz angerufen, um ihnen von Woodys Antwort zu berichten. Jetzt, in meinem Hotelzimmer, wollte ich noch etwas Radio hören. Ich hatte den französische Radiosender RTL eingestellt. Lustig, sie sprachen gerade von Cannes. Die Sendung »Les grosses têtes« wird seit Jahren von Philippe Bouvard moderiert und ist Kult in meiner Heimat.

»Heute hat eine Journalistin Woody Allen gefragt,

ob er erklären kann, warum die Franzosen so komische Dinge essen«, sagte Philippe Bouvard.

Ich glaubte, ich würde flüssich.

Das war ich. Ich war diese Journalistin!

»Und wissen Sie, was er geantwortet hat?«. fragte Philippe Bouvard.

»Er hat gesagt …«, fuhr Philippe Bouvard fort. Ich hörte jedoch nicht mehr genau hin. Dafür war dieses Gefühl zu stark – das Gefühl, als hätte ein magischer Draht meine zwei Identitäten für einen kurzen Moment verbunden: meine deutsche und meine französische. Einen Augenblick lang war ich nicht nur in Deutschland eine Mitarbeiterin im Fernsehen, sondern auch in Frankreich. Ich fühlte mich glücklich. Und wie immer in solchen Momenten ich bedankte Good. Falls es ihn überhaupt gibt.

Die gelben Schuhe

Endlich hatte ich die meiner Meinung nach passende Miene für die Promenade gefunden. Am Morgen, als ich die Sonne über dem Mittelmeer sah, hatte ich sogar bereut, meinen Badeanzug nicht mitgenommen zu haben. Wie zwei alte routinierte Hase nahmen wir uns die nächste Pressekonferenz vor. Eine Frage an David Lynch und Sharon Stone – *pas de problème!* Danach hatte ich mich für den Abend ausgeruht. Wir wussten immer noch nicht warum, aber nach eine mutige mündliche Kampf an der Akkreditierungstheke hatten wir die kostbare Erlaubnis für die *ouverture des marches* bekommen. Ich sollte also neben dem roten Teppich nach die Stars warten, der Marc hinter mir mit der Kamera. Super. Gut, ich wusste nicht, ob ich wirklich alle Stars erkennen würde. Aber ich war mir sicher: Das würde das einzige Problem sein. Doch ich sollte mich gründlich täuschen.

»Wie bitte? Ist das ein Scherz ? Gucken Sie mal, wir haben den richtigen Pass!«

»Ja, kann sein. Nur haben Sie nicht die richtige Kleidung. Gehen Sie bitte zurück nach hinten.«

»Wie, nach hinten? Ich habe den richtigen Pass und gehe jetzt auf der Stelle zum roten Teppich …«

»Sie gehen nirgendwohin. *Allez, allez! Circulez!*«

»Was soll das? Ich verbitte mir, dass Sie mich anfassen. Lassen Sie bitte sofort meinen Arm los!«

»Nicht in diesem Ton, Mademoiselle! Wenn Sie an den roten Teppich wollen, dann kommen Sie bitte im langen schwarzen Kleid zurück. Und mit einer Fliege für Monsieur.«

Der fliegenlose Monsieur verfolgte mein Duell mit dem gnadenlose Typen von der Security. Ich hasste mich, ich hasste den Marc. Er hasste mich, er hasste sich. Es ist erstaunlich, dass zwei Personen in so einem Augenblick ganz genau wissen, was sie gerade füreinander empfinden, ohne sich ein einziges Mal in die Augen geschaut zu haben. Wie hätte ich das auch tun sollen? Ich starrte ja die ganze Zeit auf mein sehr kurze Jeanshose. Sie endete vier Zentimeter über meinen Schuhen. Wenn meine Schwestern mich so sehen würden. Sie hatten mir tausendmal gesagt, dass ich viel zu kurze Beine habe, um solche Hose zu tragen.

Nach der Hose kamen meine Fußgelenke. Noch nicht braun. Dann kamen meine Turnschuhe. Sehr gelb. Ich hatte sie mit Bettina gekauft, als ich einen Farbe-Touch für ein zu strenge schwarze Anzug suchte. Sie waren super teuer gewesen, und das Gelb war viel zu grell. Ich hatte gewusst, dass ich einen Fehler machte. Aber es war Samstag. Wir hatten den ganzen Vormittag gesucht.

Gestern Abend, auf eine billige Cannes-Party im Hotel, hatte ich die richtige Klamotte angehabt: eine lange schwarze Kleid und meine tollen neue Schuhe, die leider meine Füße verletzt hatten. Deswegen konnte ich heute nur Turnschuhe tragen. Die gelben. Ein Jammer.

»Wie kann man so unprofessionell sein?«, meldete sich meine innere Stimme mal wieder zu Wort. Je länger ich nachdachte, um so sicherer war ich mir, die einzige Französinne zu sein, die nicht weiß, dass man im schwarzen Kleid zum roten Teppich geht. Gut, ich wohnte seit langem in Deutschland, deswegen …

Ich starrte immer noch auf meine Schuhe. Ich starrte so sehr auf sie, dass sich das Gelb auf einmal bewegte. Erst ein bisschen. Dann dachte ich, es würde mich jeden Moment schlucken.

»Sag mal, Licard, kannst Du mir sagen, in welche Gedanken Du Dich verlierst, während deine Realität brennt?«, wollte meine innere Stimme wissen.

»Ja, kann ich, ich erlebe gerade eine kleine Tod. Du weißt schon, die Geschichte, wenn Leute in einer Sekunde ihr ganzes Leben noch mal sehen.«

»Nathalie, was machen wir jetzt?«

Oh, eine Stimme aus der Außenwelt. Der Marc.

»Sollten wir nicht schnell ins Hotel gehen und …«

»Nee, zu spät«, erklärte ich kategorisch. »Du wirst meine Klamotte filmen, Du bleibst lang auf mein Schuhen, und wir werden berichten: Wie kann man der rote Teppich verpassen?« Antwortete ich dem Marc, während meine Augen immer noch nur Gelb sahen.

Die Visitenkarte

Der letzte Tag war gekommen. Der Marc hatte Cannes schon verlassen, aber ich war noch eingeladen auf der Yacht von Arte. Auf einer Pressekonferenz hatte ich die

Pressesprecherin wiedergesehen, die ich bei der Berlinale kennengelernt hatte. Sie hatten mich sogar für Mittagessen eingeladen und ein kurzes Interview mit Wim Wenders organisiert.

Was für ein Empfang. Die Pressesprecherin stellte mich den anderen Gästen vor, ganz schnell hatte ich eine *flute de Champagne* in der Hand. Wie auf einer Vernissage standen die Leute in kleinen Gruppen zusammen und unterhielten sich. Sie trugen lässige Klamotten, und die Stimmung war super relaxt und naturel. Anscheinend waren sie ganz cool, diese Intellektuellen.

Schließlich gesellte sich ein Kerl mit cleverem Blick und prickelnden Augen zu mir. Ein Fan! Nun ja, er hatte zumindest mehrere meiner Auftritte gesehen. Er war aus Deutschland und Chef einer wichtige Abteilung bei Arte und lebte deshalb in Frankreich. Jeder von uns wohnte in dem Land des anderen. Bislang hatte ich vor allem in Deutschland die Französinne gespielt. Jetzt durfte ich diese Rolle auch in Cannes übernehmen. Das gefiel mir.

Am Ende unseres Gespräch gab er mir seine Karte. Ich las: Prof. Dr. Andreas Müller. Ich konnte einfach nicht widerstehen, ich musste es einfach loswerden.

»Oh là là! Professor. Doktor. Andreas. Müller.«
Ich nickte ihm freundlich zu.

»Also, Monsieur Müller. Sie wohnen vielleicht seit Jahren in Frankreich, ein paar deutsche Gewohnheiten haben Sie aber behalten.«

Er guckte mich neugierig an. Also machte ich weiter.

»Ich weiß nicht, ob Sie diesen Unterschied zwischen Deutschland und Frankreich schon bemerkt haben. Aber hier zeigt man nicht so offen seine Diplom …«

Ich weiß, er hätte diese Attacke als beleidigend empfinden können. Ich schätzte ihn aber so ein, dass er genug

Humor hatte, um sie zu überleben. Jetzt hoffte ich, dass ich mich nicht vertan hatte.

Hm, er sah wirklich gar nicht verletzt aus oder verlegen. Im Gegenteil, er hatte sogar ein leicht ironisches Lächeln.

»Ja, das stimmt«, sagte er. »Deswegen habe ich auch noch eine andere Karte. Für Frankreich. Wollen Sie mal sehen?«

Ich nahm die Karte entgegen und las sie. Nirgendwo eine Spur von »Prof. Dr.«.

Und Licard, – wer ist der Professor, wer das Gemüse?

Am nächsten Tag kehrte ich nach Köln zurück. Von Cannes blieb mir ein magischer Draht zwischen meiner deutschen und meiner französischen Identität, die trug ich als Visitenkarte nach Hause, wo meine gelben Schuhe für immer im Schrank verschwanden.

Essgewöhnheiten II

Die Deutschen
und die foie gras

Ich komme aus les Landes. Und daher kommt auch *le foie gras.* Es ist die beste *foie gras.* Natürlich behaupten andere das Gleiche: le Gers, la Dordogne, le Périgord (die haben schon *les truffes,* die sollen unsere *foie gras* in Ruhe lassen!) und sogar l'Alsace. Wir haben auch die beste *confit de canard* und die beste *confit d'oie:* in ihrem Fett eingelegte Ente beziehungsweise Gans. Ah ja, und *l'Armagnac* kommt natürlich auch aus les Landes. Na gut, aus le Gers auch. Die Spezialisten sagen übrigens, dass *l'Armagnac* besser und feiner ist als *le Cognac.*

Die *foie gras* ist das lieblingste Lebensmittel aller Franzosen. Um so größer ist der Stellenwert, den diese Spezialität im Herzen eines Menschen hat, der in les Landes geboren wurde.

Für ein paar Deutsche – gut, eigentlich sind es viele, sehr viele, viel zu viele – ist die Herstellung der *foie gras* ein Problem. Deshalb weigern sie sich, sie zu probieren oder im Restaurant zu bestellen. Ich habe gerade keine Zeit und mein Deutsch ist auch zu schwach, um ein Plädoyer zu bauen. Ich kann nur sagen: Die Menschen haben nur ganz leicht verstärkt die natürliche Nahrung-Neigung dieser Zugvögel: sich voll zu stopfen.

Meine Freundin Bettina und ihre Familie verbringen ihre Ferien oft in Moliets. Als ich hörte, dass sie zum ersten Mal ohne mich von Sylvie zum Essen eingeladen worden waren, musste ich eingreifen. Ich hatte eine schlimme Verdacht. Also rief ich meine Schwester von Köln aus an.

»Sylvie? Sag mal, was willst Du morgen kochen ... für Bettina?«

»*En entrée, foie gras mi-cuit*[1] und dann *confit*, zwei Sorten: Ente und Gans, damit sie vergleichen können ...«

»Nein, nein! Keine *foie gras!* Du weißt doch, dass die Deutschen ...«

»Was, keine *foie gras?* Du glaubst doch nicht etwa, dass ich Bettina und Jörg ohne *foie gras* empfangen werde? Was soll das immer, dass die Deutsche keine *foie gras* mögen und es für politisch nicht korrekt halten?«

»Für Bettina ist es egal, aber Jörg hat nie *foie gras* gegessen!«

»Ja, *et bien* er wird anfangen.«

»Du muss einfach tolerant sein und akzeptieren, dass ...«

»Wenn man sich immer *daran* halten würde, würden sich die Leute nie entwickeln! Und außerdem geht Dich das sowieso nichts an.«

»Was, das geht mich nicht an? Sie sind *meine* Freunde. Und wie ich Jörg kenne, er wird das niemals probieren und auch nicht akzeptieren, dass seine Kinder das probieren.«

»Sie sind auch meine Freunde! Und wie ich Jörg kenne, er wird probieren und sich anschließend fragen, warum er es nicht schon vorher gemacht hat. Aber gut, ich werde für alle Fälle Serrano-Schinken kaufen. Und Du?! Wehe, wenn Du Bettina informierst!«

Ich habe gehorchen, sie ist die älteste. Bei unserem nächsten Telefonat erfuhr ich, dass Jörg und die Kinder Sylvies *foie gras* restlos verputzt hatten. Es hatte ihnen geschmeckt, und der wunderbare Geschmack hat alle Bedenken auf die Seite gestellt. Seitdem gehört die französische Spezialität zu den Essgewöhnheiten der kleinen Kölner Familie. Wunderte mich das? Nee, eigentlich nicht. Schließlich ist Sylvie eine Autorität in Sachen Gastfreundschaft, eine Meisterin des perfekten Dîners, eine Königin der französisch-deutschen Küchendiplomatie: Was sie einem vorsetzt, wird gegessen. Und so brachte sie ihren französischen Freunden den Knödel. Und ihren deutschen Freunden *le foie gras*.

---

[1] Halb gekocht.

Cohn-Bendit und der Kuli-Sammler

Kleine Beobachtungen zur großen Politik

Ich glotze.

Auf meinem französischen Sender gibt es eine politische Debatte.

Gerade wird die Frage diskutiert, ob der Mai 1968 eine Revolte, eine Revolution oder nur eine Erhebung war. Politisch oder kulturell? Ich liebe solche Raffinesse.

Selbstverständlich befindet sich Daniel Cohn-Bendit unter den Gästen. Für mich ist »Dany le Rouge« ein Franzose. Natürlich lebt er in Frankfurt, natürlich ist er ein deutscher Europa-Abgeordneter, aber wegen 68 gehört er zu unserer Geschichte und hat immer noch ein stark Gewicht in unserem politischen Leben. Sein Blick blitzt, er spricht mit den Händen, seine Rede ist heiter. Kurzum: Er ist ein echter Franzose. *Fast* zumindest. Es gibt ein Detail, das ihn als Deutschen verrät: Er trägt ein weiße T-Shirt unter seinem klassischen blauen Hemmt. Ich überprüfe die Garderobe der übrigen Diskussionsteilnehmer. Alle anderen tragen eine Hemmt, und alle haben wegen des Themas die Krawatte weggelassen. Auch der Moderator Und sie sind alle sechs ohne nix unterm Hemmt!

Ich habe schon oft meine deutschen Freunde gefragt, warum sie unbedingt dieses 'ässliche weiße Baumwoll-Stück brauchen, das ihren Hals versperrt. Sie haben mir unterschiedliche Gründe genannt. Es sei hygienisch. Es sei gut gegen Schwitzen. Es würde sogar bei richtiger Hund-hitze wirken. Ah ja. Auf jeden Fall ist es total unsexy.

Jetzt lachen die Gäste. Klar, sie sprechen von Sarkozy.

Jahrelang habe ich meine deutschen Freunde wegen Edmund Stoiber verspottet. So ein Typ, habe ich nur ein ganz kleines bisschen arrogant gesagt, würde in Frankreich nie gewählt werden. Dann hat sich die Mehrheit meiner Landsleute für Sarkozy entschieden, und Stoiber wurde nach Brüssel geschickt. Seit dieser Zeit traue ich mich nicht mehr, Witze über die deutsche Politik zu machen.

In seiner Kampagne hatte Sarkozy gefordert, man müsse das Erbe des Mai 68 erledigen. Das war gewagt, denn in seinem Wahlkampf benutzte er den Slogan »Avec Sarkozy, tout devient possible« – »Mit Sarkozy, alles wird mög-lich«. Das erinnerte schon sehr an 68. Oder »Jouir sans entrave« – »Genuss ohne Hindernis«, das klingt auch wie ein Slogan aus den wilden 60ern. Das Wort »jouir« hat an dieser Stelle ohne Zweifel eine stark sexuelle Konnota-tion. Die freie Liebe. Genuss ohne Hindernis. So lebten die 68er, so lebt auch unser Präsident. Als nach der Wahl ein paar Monate vergangen waren, ließ er sich kurzerhand scheiden und verliebte sich blitzschnell in eine Neue, die er kurz darauf ohne mit der Wimper zu zucken heiratete. Da konnten die Alt-68er nur andächtig staunen.

Ich finde die politisch Debatte in Frankreich allgemein lebendiger als in Deutschland. Aber was Monsieur Sar-kozy angeht, es ist die deutsche Presse, die sich königlich amüsiert.

In Februar 2008 präsentierte die spanische Ausgabe ei-nes Männermagazins ein Foto von Madame Carla Bruni. Das war kurz vor der Hochzeit der beiden. Auf dem

Foto hat Madame Bruni nicht so furchtbar viel an. Genauer gesagt nur schwarze Lackstiefel. So richtig viel sah man trotzdem nicht, aber dennoch: Das war schon ganz schön sexy für die zukünftige Frau des Präsidenten.

Von diesen Aufnahmen erfuhr ich durch die deutsche Presse. Bei den Franzosen las ich nichts darüber. Als ich mit meiner Familie und meinen Freunden telefonierte, überprüfte ich, ob sie etwas davon gehört hatten. Die Antwort lautete: Nein.

Gibt es in Frankreich eine so starke Selbstzensur? Was hat die Redaktionen wohl dazu bewogen, nichts über Madame Brunis delikate Fotokunst zu berichten? Fanden sie diese Information nicht so relevant, weil es ja sowieso genug »People Reportagen« über der Paar Sarkozy-Bruni gibt? Oder war es schlichtweg elegante Zurückhaltung, inspiriert von der starken Freundschaft zwischen Monsieur Sarkozy und den großen Medienunternehmern?

Sollte sich Monsieur Merkel, wie ihn Präsident Sarkozy nennt, irgendwann einmal einen Skandal leisten – ich frage mich, ob die deutsche Presse so vornehm dazu schweigen würde.

Aber ich muss meinem Präsidenten auch dankbar sein. Durch ihn habe ich entdeckt, dass Angela Merkel Sinn für scharfsinnigen Humor hat. Deutlich wurde das am Ende einer gemeinsamen Pressekonferenz. Vor laufenden Kameras überreichte einer ihrer Mitarbeiter der Kanzlerin eine hübsche Schachtel, die sie sofort mit offenbar sehr großem Vergnügen an Sarkozy weitergab. Der – völlig überrascht – öffnete sie schnell. Auf einmal sah er aus wie ein kleiner Junge. Ein bisschen gehemmt, ein wenig linkisch. So blickte er auf den Stift in der Schachtel. Es war das gleiche Exemplar wie das, mit dem er gerade eine Vereinbarung unterschrieben hatte. Er bedankte sich brav, und man konnte sehen, dass er ein wenig verlegen war. Madame Merkel nickte wohlwollend. Sie schien von seiner Kuli-Sammlung gehört zu haben.

Also, was sollte das mit Sarkozy, Merkel und dem Kuli? Nun, um diese Geschichte richtig genießen zu können, muss man wissen, dass Sarkozy ein paar Wochen vor dieser Pressekonferenz in Bukarest zu Besuch war. Auch dort gab es einen Pressetermin, bei dem er ein Schriftstück unterzeichnete. Er schrieb also sein »Sarkozy« auf ein Blatt Papier. Für einen Moment schien er sich unbeobachtet zu fühlen. Doch die Kamera hat ihn fest im Blick. Un was macht unser Präsident? Er starrte auf den Kuli, der nun vor ihm auf den Tisch lag. Ein kurzes Zögern, dann nahm er ihn und musterte ihn von allen Seiten. Anschließend legte er den Stift zurück auf den Tisch. Doch nein, Monsieur Sarkozy, der Kuli-Sammler, fand keine Ruhe. Er überlegte. Dachte nach. Dann … nahm er den Kuli noch einmal, schaute ihn erneut an, begutachtete ihn, bewunderte ihn, schien mit sich zu kämpfen – oh là là, er würde ihn doch nicht etwa … stehlen? Aber nein! Er ging zu seinem Gastgeber, grüßte ihn noch einmal freundlich, zeigte ihm den Kuli, und nach ein paar netten Worten durfte er das Objekt der Begierde in die Tasche stecken. Nicolas war zufrieden. Er konnte ein schönes Souvenir aus Bukarest mit nach Hause nehmen. Die satirische französisch Presse hat sich darüber köstlich amüsiert. Die deutsche Diplomatie offensichtlich auch.

Ich glotze. Mal franzosische, mal deutsche Sender. Das ist vielleicht typisch für eine Immigrant: zu schielen zwischen seine beide Länder.

FAQ – Foire aux questions VII
Was Deutsche von einer Franzosinne wissen wollen
(mit Antworten!)

»Gibt es einen besonderen Augenblick, den Du mit Deiner Anfangszeit in Deutschland verbindest?«

»Ja, es ist ein starke Erinnerung, aber wenn ich es erzähle, man wird mich nicht verstehen …«

»Doch, versuch mal!«

»Ich weiß nicht …«

»Ach komm …«

»Okay, das war meine erste Witz auf Deutsch.«

»Ach, so was! Und was war das für ein Witz?«

»Keine Ahnung, ich weiß nicht mehr, das war auf meine deutsche Unterricht, in ein kleine Gruppe von sieben Personen, plus der Lehrer.«

»Und?«

»Wir sollten ein paar Sätze bauen mit ein gewisse Grammatik-Regel, und da habe ich mit viel Mühe irgendeine lustige Duhmeheit überlegt. Ich weiß noch, dass mein Herz stark geschlagen hat, als ich angefangen habe zu sprechen. Wird jemand die Witz verstehen? Als die Explosion von Lachen kam, ich war so glücklich und so berührt, dass ich fast geweint hätte. Ich fühlte mich wieder normal, so wie in Frankreich, ich hatte bei andere Menschen das Lachen provoziert! Das war so wie ein Wiedergeburt. Diese so starke Reaktion hat mir signalisiert, dass es nicht einfach nur ein Spaß für mich ist, die Leute zum Lachen zu bringen. Das ist etwas ganz Wichtiges in meine Leben. Ich nehme das ernst mit dem Lustigsein!«

»Ach. Ja nun …«

»Hatte ich doch gesagt: Diese Geschichte hat nur für mich Sinn.«

»Nee, nee! Also, ganz interessant … Hm. Sonst noch eine besondere Erinnerung?«

»Ja, aber wieder nur für mich interessant.«

»Nun gut, erzähl trotzdem mal.«

»Einmal komme ich in mein Supermarkt in Köln, und was sehe ich? Einkaufwagen für Kinder! Ich ärgere mich über diese blöde Deutsche, die nicht in der Lage sind, ihre Kinder zu schützen vor die böse markantil Welt. Das ist sogar Manipülation und Initiation zu Konsum, das wäre unmöglich in Frankreich! Zwei Woche später bin ich wieder in Frankreich, ich gehe mal schnell in den Supermarkt, mir eine *Brandade de Morue* kaufen, und sehe am Eingang die gleiche kleine Einkaufwagen für Kinder! Ich habe laut über mich gelacht.«

»Humm, humm.«

»Guck mal, es ist wieder eine Geschichte, die ich lieber nicht erzählen sollte, das ergibt nur für mich Sinn. Als Immigrant du bist immer mit Klischees konfrontiert über der neu Land, aber ein Tag entdeckst du, dass du ein paar über dein eigenen Land hast. Ja, ganz genau! Über dein Land, das du auswendig kennst … Der Kinder-Einkaufwagen symbolisiert für mich dieser Augenblick.«

»Doch natürlich, nee, sehr interessant.«

Ist er rot und klein mein Held

Gérard Depardieu stellt sich als Nasen-Experten heraus

Es gab Neuigkeiten.

Eine PR-Agentur hatte angefragt, ob ich in Hamburg die deutsche Präsentation eines neuen französischen Films moderieren könnte, »Asterix und Obelix: Mission Kleopatra«; die vorgesehene Moderatorin war erkrankt. Kurz gesagt, wenn ich akzeptierte, würde ich auf einer Bühne vor 300 Journalisten und unzähligen Kameras mit Gérard Depardieu plaudern wie zwei alte Freunde, die im selben Dorf geboren sind. Und anschließend würde ich auch noch alles übersetzen, für die Kumpels aus meinem neuen Land. Oh mein Good. Was für ein Attentat.

Ich ging mal eben schnell zu Manuel, dem Redaktionsleiter. »Es ist ganz simpel«, sagte er. »Du sagst, dass Du freitags arbeitest und nur kommen kannst, wenn Du ein Interview mit Depardieu führst.« Und so machte ich mich mit dem Marc auf den Weg.

Ich hatte gerade den Film gesehen, saß in meinem Hotelzimmer und bohrte meine Birne in zwei Richtungen. Zuerst stand das Interview mit Gérard an und dann die Moderation auf die Bühne. Ich versuchte mich auf die Infos aus der Pressemappe zu konzentrieren. Es ging nicht. Wie sollte man sich konzentrieren, wenn man in zwei Stunden das Heilige Monster des französische Kinos interviewen soll. Was sage ich, nicht nur des französischen Kinos, er ist ein internationaler Star! Ich will nicht böse sein, aber meine deutschen Kollegen konnten das nicht verstehen, sie hatten keinen internationalen Kinostar mehr, der letzte war vielleicht Romy Schneider. Und die wurde als französische Schauspielerin betrachtet.

Jetzt hatte ich zwar genau analysiert, warum ich nervös war. Das half mir aber nicht, meine Fragen zu bauen. Na ja, Depardieu war ein Kerl wie alle anderen. Auch nur ein Mensch. Er hat auch seine Lücken und Macken. Genau!

»Ach, Licard, jetzt wirst Du lächerlich«, ermahnte mich meine innere Stimme. »Diese jämmerlichen Gedanken werden Dir nicht weiterhelfen.«

Das Telefon klingelte, der Marc war am Apparat, wir mussten schön fahren, wir trafen uns in zehn Minuten am Empfang.

Ah wirklich?

Auf das Interview mit Gérard mussten wir eine Weile warten. Ich saß mit anderen Journalisten vor seiner Suite und blickte, weil ich sonst sowieso nichts zu tun hatte, neugierig durch eine geöffnete Tür gleich daneben. Und dann sah ich ihn. Nein, nicht Depardieu. Alain Chabat! Schwarze gelockte Haare, Brille auf der Nase. Er war der Autor und der Regisseur des Films und spielte den Julius Caesar. In Deutschland ist er unbekannt, in Frankreich aber ist er ein Good. Vor 20 Jahren hat er die französische Komödie neu erfunden. »Die Null«, so nannten er und seine Kumpels sich damals. Dieser Typ war ein Revolutionär: einer, der dafür gesorgt hatte, dass der Humor à la Luis de Funès innerhalb weniger Wochen hundert Jahre älter geworden war.

Ich sehe kein Gleichwertigkeit in Deutschland.

Er kam langsam auf den Flur mit einem breiten Lächeln und guckte sich alle Journalisten an, die ihn natürlich gar nicht bemerkten. Ich stand auf und ging ganz ruhig zu ihm, um ihn zu grüßen. So wie ich eine Baguette in einer Bäckerei holen würde. In Frankreich wären wir uns nie begegnet und so selbstverständlich erst recht nicht. Ich sprach ihn natürlich auf Französisch an. Er hatte schon von mir gehört, der Französin des deutschen Fernsehens. Ich bat ihn, dass wir später noch mal über die Präsentation sprechen, jetzt musste ich weg zum Interview mit Depardieu.

Mit eine Trick schaffte ich die Fieberlampe weg: Ich stellte mir kurz vor, ich wäre genau in diesem Augenblick in der Telefonzentrale, und fragte mich:

»Okay, Licard, wo bist Du jetzt in diesem Augenblick lieber? In Deinem Büro oder hier? Ah, lieber hier? Na gut, *dann ...*«

Das wirkte. Ich betrat Depardieus Suite.

Oh, mon Dieu! War er rot und klein, mein Held! Ich wusste, dass er gerne trinkt, aber *so* rot? Er war auch ziemlich breit. Nicht dick. Breit. Ich guckte seine Nase an. Als er zwei Jahre zuvor in der Show zu Gast gewesen war, hatte er sie in ein Rotwein-Glas gesteckt und mit Arald eine Weinprobe gemacht. Ich erinnerte ihn an seinen Besuch in unserem Studio, was sich als gute Idee herausstellte. Er hob die Arme und donnerte:

»Stimmt! Ich weiß, wir haben uns damals gesehen, ich erinnere mich genau an Dich!«

Wie süß, er log, wir hatten uns gar nicht getroffen, er wollte mir schmeicheln. Ich verkniff mir jeden Kommentar.

Wir sprachen jetzt über den Film, seine Augen waren

sehr rund und sein Blick war ziemlich starr … Er wirkte ein bisschen wie ein Roboter, sein Lächeln war auch verkrampft, es war klar: Er antwortete seit Stunden auf die gleichen Fragen. Am Ende, fragte ich ihn, wie er sich die Präsentation zusammen mit Alan Chabat vorstellte. Das war eigentlich nur ein Vorwand, um persönlicher zu werden, um vielleicht sogar ein ganz klein bisschen Sympathie zu wecken …

»Mach Dir keinen Kopf wegen heute Abend, Du musst spontan sein, da kann nichts passieren.«

Und dann stand auch schon der nächste Journalist bereit und wir gingen rüber zu Chabat. Wir tranken einen Tee, und er erzählte mir, wie nervös er war; ob ich glaubte, dass der Film in Deutschland gut laufen würde? Was sagte man dazu: Ich war seit drei Sekunden seine beste Freundin und eine Kino-Expertin.

»Da bin ich mir aber so etwas von sicher! Er ist so toll und …«

Ich musste noch nicht mal lügen. Der Marc war am Ecke und drehte immer noch. Was für Gesichter meiner Freunde in Frankreich machen würde, wenn sie diese Bilder sehen?

Chabat sagte: »Die Leute wollen sowieso mehr Gérard hören, ich habe vor, wenn Du mich etwas fragst, immer das Gleiche zu antworten: Monica Bellucci.«

Das war der Name der Schauspielerin, die Kleopatra spielte, sie ist tot hübsch. Eigentlich hatte ich längst genug Infos. Wir kannten uns jetzt schon ein kleines Bisschen. Für die Präsentation hatte ich genug Ideen. Warum ich trotzdem weiter Fragen stellte? Weil ich Bock hatte, weiter meinen Tee zu trinken mit diesem Komödie-Genie!

Dann kam Depardieu!

Ich guckte schnell zu dem Marc, er drehte weiter. Du

meine Güte, wenn Depardieu nur ein bisschen blieb, wir hatten schon unseren Beitrag für die Show. Leider war der Raum ziemlich dunkel. Hoffentlich würde das Licht reichen.

Dieses Mal erkannte mich Depardieu *wirklich* wieder.

»Ah! Wir werden Madame später auf der Bühne sehen ...«

»Ja genau«, bestätigte Chabat. »Was könnte sie Dich fragen?«

Ich mischte mich ein:

»Ich habe ihn vorhin darauf angesprochen. Er will mir nicht helfen.«

Depardieu wies alle Schuld von sich.

»Wie gesagt, wenn Du Dich zu viel vorbereitest, wird das nicht gut sein.«

Hoffentlich hatte der Marc genug Band: Depardieu stand vor mir und gab mir mit großen Gesten eine Nachhilfestunde in Sachen Bühnenpräsentation. Dann unterbrach er sich plötzlich, musterte mich kurz und sagte:

»Du hast eine gewisse Ähnlichkeit mit Catherine Clément, das habe ich Dir schon vor zwei Jahren gesagt.«

»Nee, nicht möglich, vor zwei Jahren haben wir uns gar nicht getroffen.«

Chabat hatte hörbar viel Spaß.

Keine Ahnung, wer diese Catherine Clément eigentlich war. Mir war klar, ich würde niemals die Chance haben, mit diese beide Film-Götter in einem Film zu spielen. Aber diese Gelegenheit für eine Kurzfilm wollte ich mit aller Macht ergreifen. Deshalb gab ich Gas: Ich breitete meine Arme aus und ließ mich langsam ins Sofa sinken.

»Gut, gut, ich verstehe. Ihr wollt mir nicht helfen. Dabei ist es das erste Mal, dass ich so eine Moderation machen muss, ich werde so starke Fieberlampe haben, dass ich ohnmächtig auf die Bühne fallen werde.«

Jetzt brach der Schauspieler endgültig aus Gérard heraus.

»Ja fantastisch! Das ist eine brillante Idee! Du fällst auf die Bühne, und wir beide werden Dir wieder auf die Beine helfen!«

Er spielte jetzt die Szene, Chabat war aufgestanden und machte mit, Gerard guckte und streckte seine Arme in den Himmel, er benutzte dieselbe Stimme wie in »Cyrano de Bergerac« und deklamierte ergriffen:

»Ooooh! Sie ist ohnmächtig geworden!«

Der Abend kam und damit die Präsentation auf der Bühne. Ich hatte mit dem obligatorischen Danke und den üblichen einführenden Worten angefangen. Chabat und Depardieu hörten mir zu und beobachteten mich, verstanden allerdings kein Wort und lachten einfach immer dann, wenn das Publikum auch lachte. Vor uns viele Kameras und Fotografen. Klar, Depardieu war ja auf der Bühne. Ich stellte an die beiden ein paar Fragen und übersetzte für die Zuschauer die Antworten. Chabat antwortete wirklich immer: »Monica Bellucci«. Genial.

Die Stimmung war gut, das Publikum kochte, die beiden waren cool und zufrieden mit diesem warmen Empfang. Ich übersetzte im Voraus meine nächste Frage an Gérard. Die Zuschauer lachten. Sehr gut, das gab mir ein bisschen Mut. So richtig sicher war ich mir nämlich nicht, ob ich wirklich ihn fragen sollte nach …

»Monsieur Depardieu, sie sind ein großer Spezialist für Nasen: die Nase von Kleopatra, die Nase von Cyrano de Bergerac … Ihre Nase, um Wein zu riechen … So, ich habe eine persönliche Frage …«

Bei den Wörtern »persönliche Frage« spürte ich bei ihm eine gewisse Unsicherheit, er schien zu denken: Oh Good, was führt die Schlompe denn jetzt im Schilde? Wobei ich wirklich keine Ahnung hatte, ob Gérard Wörter wie »Schlompe« überhaupt benutzt. Ich machte weiter.

»Viele meiner Freunde und Kollegen kritisieren meine Nase, weil sie schief ist, gucken Sie mal.«

Ich zog meine Brille zurück.

»Glauben Sie, dass ich mich operieren lassen muss?«

Chabat und Depardieu näherten sich mir und meiner Nase, und einer nach der anderen rief aus:

»Aber nein! Sie ist formidable, diese Nase! Wunderschön! Es ist ein Sphinx-Nase, gar keine Frage.«

Peu à peu die zwei packten mich. Gérard und Chabat drückten beide ihr Gesicht an meine Wangen, der eine links, der andere rechts. Wir lachten alle drei, Backe an Backe, die Kameras blitzten. Meine Oma Mamie Cocotte hatte dieses Foto bestimmt zwei Jahre lang in ihrem Schlaffe-Zimmer hängen.

In der Show zeigten wir gar nicht mein offizielles Interview, sondern nur das Zusammentreffen im Hotel und die Präsentation am Abend. Die Redaktion hatte ein Bild von Catherine Clément gefunden. Eine Dame, Mitte 50, mit Brille. Wirklich nicht attraktiv. Na, was soll's. Sie ist immerhin Philosophin. Arald wunderte sich, wie cool drei Franzosen miteinander umgehen, die sich gerade zum ersten Mal über den Weg gelaufen waren. Da war ich, das kleine gekochte Gemüse – zusammen mit dem Heiligen Monster und dem Kommödien-Good des französischen Kinos.

»Wir Deutschen sind so!«
Die Schatten
der Geschichte

Jeden Morgen konnte ich sehen, wie meine Kollegen von der Redaktion und der Produktionsabteilung zur Arbeit kamen. Ich brauchte dafür noch nicht mal von meinem Schreibtisch aufzustehen. Wir grüßten uns, plauderten ein bisschen und erzählten ein paar Witze, um der Tag gut anzufangen.

An einem Morgen – es muss im November 2000 gewesen sein – stimmte irgendetwas nicht. Meine Kollegen waren alle sehr schlicht heute. Niemand machte Witz, allerhöchstens verbitterte und traurige Witz nach dem Motto: Ach wir, die Deutsch! Wir bleiben, wie wir sind …

Was war geschehen? Nun, ich erlebte als Zeuge eine kollektiv Selbstgeißeln bei meinen deutschen Kollegen. Und daran war ein Zeitungsartikel schuld. In einem Dorf nicht weit von Dresden war 1997 ein Kind in einem Freibad gestorben. Ertrunken. Die Familie war nicht überzeugt von der Unfallthese und glaubte, dass es ein rassistischer Mord gewesen sei. Drei Jahre später, im November, sprachen neue Zeugen auf einmal von einer Neonazi-Bande, die das Kind missgehandelt und getötet habe.

Als ich die Geschichte in der Zeitung gelesen hatte, habe ich sofort gedacht: Etwas stimmt nicht. Niemand kann glauben, dass ein paar Junge vor 200 Leuten ein

Kind ertränkt haben und kein Mensch interveniert hat. Und das sollte dann auch noch seit drei Jahren das Kollektiv-Geheimnis von 200 Personen gewesen sein, ohne Indiskretion!

Nee, unmöglich.

»Doch, Nathalie, doch, es ist möglich!«, sagte eine Kollegin mit einer traurigen Miene.

»Aber hör mal, jemand hätte sich eingemischt, und sowieso: Mit so viel Zeuge die Polizei hätte irgendwann etwas gehört!«

»Nein, Du kennst die Deutschen nicht.«

Was war denn das bitteschön für einen Satz? Was steckte hinter diese Bemerkung? Ich schaute meine Kollegin fassungslos an.

»Was? Natürlich ich kenne die Deutsch, ich wohne hier seit Jahren und ...«

»Nein. Ja. Ich weiß. Aber Du kannst das nicht verstehen, ich weiß, wovon ich spreche ...«

Ich fasste es nicht. Meine Kollegin glaubte offensichtlich, dass der Nazi-Virus steckte irgendwo immer noch in den Kopf von vielen. Oder vielleicht sogar in allen! Sie hatte es nicht klar ausgedruckt, aber ich fühlte es. Auf jeden Fall gab es in diesem Schwimmbad entweder Neo-Nazis oder Leute, die zu feige waren, um eine achtjährige dunkelhaarige Kind zu helfen: Etwas anderes kam für sie nicht in Frage.

Nach und nach kamen weitere Kollegen zu mir und fragten mich, was ich denke. Sie sahen mich auf einmal anders als sonst. Ich war nicht mehr die lustige Gemüse, sondern die glückliche Angehörige von einem Volk, das frei von Nazi-Flecken war. Ich konnte zwei Gefühle in ihren Augen lesen: eine tiefe Traurigkeit und die Schande.

Die kollektiv Schande. Sie wollten hören, was ich denke, und wahrscheinlich wollten sie auch sehen, ob ich sie plötzlich anders betrachtete. Ein paar Tage später empfing dann auch noch Bundeskanzler Schröder die Mutter des Kinds in Berlin. Das wurde wirklich eine nationale Angelegenheit! Erst als endlich, ein paar Tage später, die neuen Zeuge wurden als unzuverlässig erkannt ... lächelten meine Kollege wieder. Aber ohne Triumphalismus. Sie dachten offensichtlich, für diese Mal war es okay. Sie hatten noch mal Glück gehabt. Aber wer weiß, es könnte trotzdem jederzeit passieren.

Na gut, ich gebe zu, ich habe auch so meine Gedanken wegen die Nazi-Zeit. Am Anfang brauchte ich nur ein Opa zu treffen oder auf die Straße zu sehen, schon fragte ich mich: »War das einer? War das ein ... Nazi?«

Oder noch vor ein paar Jahre, als mich einer meiner Nachbarn angeschrien hatte, weil ich schon am Nachmittag das Licht im Flur angemacht hatte. Ich gebe zu, da habe ich tief in seinem Blick Merkmale einer dunkel Vergangenheit gesucht.

Natürlich ich schäme mich jedes Mal über diese Gedanke.

Neulich habe ich über dieses Thema mit einem deutschen Freund gesprochen. Er verriet mir, dass er genau das Gleiche erlebt.

»Dass Du das denkst, ist völlig normal«, beruhigte er mich.

Ich war wirklich sehr erleichtert.

Als ich in der Schule mit 17 Jahre die Nazi-Zeit als Thema in Geschichte hatte, ich habe viel gedacht an die Deutschen meiner Generation. Ich war mir sicher: An ihrer

Stelle ich würde meine Eltern und große Eltern fragen, was sie gemacht haben in dieser Phase.

Ob die deutschen Jugendlich diese Frage stellten? Oder war es tabu?

Es gibt bestimmt Geschichten, dachte ich, wo ein Enkelkind irgendwann erfahren musste, dass sein geliebter Opa ein dicker Nazi war.

Furchbach! Furchbach!

Für meine Familie habe ich alle überprüft.

Mein zwei Opas waren weder Helden noch Kollaborateurs. Sie waren zu alt, um den Krieg zu machen. Sie waren auch nicht in der Widerstandbewegung. Beide sind durch den Krieg auch nicht reicher geworden, das heißt, sie haben keinen Schwarzhandel gemacht.

Ouf, Glück gehabt. Wie hätte ich reagiert, wenn ich dunkle Flecke gefunden hätte?

Mein Vater sprach oft über die Zeit der deutschen Besatzung. Er erzählte uns, dass seine Eltern ihn zu Freunden aufs Land geschickt hatten, wo es mehr zu essen gab. Dass seine Mutter einmal Perlhuhn und Truthahn unter ihren Rock verborgen hatte, als sie die Gestapo-Kontrolle passierte. Mein Opa war von Beruf Brünnenbauer. Einmal hatte er einen Brünnen in der Nähe des Ortes gebohrt, wo sich eine Widerstandsgruppe versteckt hielt. Er wollte, dass sie genug zu trinken hatte.

Die Franzose müssen sich jetzt mit die Geschichte eines anderen Kriegs konfrontieren: des Algerienkriegs. Er ist noch ganz nah, erst 1962 war er zu Ende. Das heißt, dieses Mal die Generation meines Vaters war dran.

Schon wieder Glück gehabt. Mein Vater war gerade zu alt.

Jahrelang man hat diesen Krieg mit Scham die »Ereignisse von Algerien« genannt. Heutzutage, man spricht viel mehr und offener über ihn als früher. Es gibt Sendungen im Radio und im Fernsehen, Bücher erscheinen. Jetzt wissen wir Bescheid: Französische Soldaten haben Folter ausgeübt. Es gab Kriegsgräuel auf beide Seiten. Wie in jedem Krieg.

Überhaupt unsere Kolonial-Vergangenheit. Auch da wird das französische Gedächtnis endlich frisch gemacht. Zum Beispiel haben Soldaten aus unseren afrikanischen Kolonien in beiden Weltkriegen unter der französischen Flagge gekämpft. Da war ihre Hautfarbe kein Problem. Ganz im Gegenteil, man hatte für sie einen besonders vorteilhaft Platz reserviert: ganze vorne, an der Front.

Hmm ... Sollte Frankreich doch nicht nur das Land der Menschenrechte sein?

War ich mit 17 wirklich so stolz auf unsere Geschichte?

Wie war das noch mit Freiheit, Gleichheit, Brüderlichkeit?

Öhhh, na gut ... so schlecht sind wir aber auch nicht, oder?

Auf jeden Fall, es lebe Napoleon!

Irgendwann habe ich mich getraut, meine deutschen Freunde auf die Nazi-Zeit anzusprechen. Manchmal auch Kollegen, die mir sehr nahe waren. Sie fanden alle meine Frage völlig normal.

Jetzt kenne ich ein paar Geschichten. Natürlisch hatte ich in der Schule gelernt, dass das deutsch Volk sehr gelitten hat. Aber heute kenne ich konkrete Bespiel. Ich sehe sogar manchmal Konsequenz in dem Leben meiner Freunde. Ich kann jetzt die Frage beantworten, die ich mir mit 17 Jahre gestellt hatte.

Ich habe mir ein paar Sätze gemerkt, die ich sehr (er)leuchtend fand:

»Oh ja, mein Opa war ein Nazi, aber meine Oma hat mir versichert, dass er einmal einen Juden gerettet habe. Natürlich weiß ich nicht, ob das wahr ist.«

»Meine Mutter war 16 Jahre alt, als ihre Stadt vernichtet wurde. Die Bombardierung war angekündigt worden, ihre Mutter hat sie deshalb zu einer Freundin geschickt, die außerhalb der Stadt wohnte. In dieser Nacht starben ihre jüngere Schwester, ihre Mutter und ihr Vater. Deswegen haben wir nie Urlaub gemacht in England oder in einem anderen alliierten Land. Sie konnte zwar verstehen, warum es zu dieser Bombardierung gekommen war, aber sie wollte nie diese Länder besuchen.«

Heute gehören diese Geschichten auch zu meiner Geschichte. Ich lebe hier. Ich bin nicht mehr ein Mädchen, das auf der richtigen Seite der Grenze geboren ist.

Estelle da la Mar

Das Begräbnis der
alten Kusine Jeanne

Ich war seit Jahren nicht mehr in eine Beerdigung gewesen.

Seit ich Frankreich verlassen hatte und nach Köln gezogen war. Nun stand ich in Levignac, einem Dorf neben Dax, mit meiner Schwester Catherine vor der Kirche und betrachtete zerstreut das Kriegerdenkmal. Wie kam es eigentlich, dass ich in Deutschland bislang kaum welche gesehen hatte? Ich vermutete, dass sie nicht so systematisch gebaut worden waren wie in Frankreich, wo es in jeder Stadt und in jedem Dorf ein Kriegerdenkmal gibt.

Die alte Kusine Jeanne war gestorben. Nun wollten wir ihre Tochter umarmen. Das war natürlich auch die Gelegenheit, die ganze Familie wiederzusehen, auch die weite. Catherine und ich probierten zu raten, wer wer war. Ich entdeckte Leute, die ich seit bestimmt 15 Jahre nicht mehr gesehen hatte. Vielleicht sogar mehr. »La tante du chêne liege« – »die Tante von der Korkeiche«, wie sie nach dem Baum vor ihrem Haus genannt wurde – hatte sich von einer Oma zu einer sehr alte Dame verwandelt. Auf einmal sah ich meine kleine Kusine Valérie aus Mimizan. Auf unsere letzte Treffen war sie acht. Jetzt hatte sie ihre Tochter an der Hand.

Außer ihnen erkannte ich fast niemanden. Vor der

Kirche standen Personen, von denen ich sogar vergessen hatte, dass sie überhaupt existieren. Ja, ich hatte so einiges von meine feste Platte gelöscht. Die engen Verwandten sah ich trotz meines Umzugs nach Köln nach wie vor regelmäßig. Als ich sie begrüßte, gab es deshalb keinen großen emotionalen Erguss. Ich war nur neugierig und zufrieden, ein paar Gesichter meiner Vergangenheit wiederzusehen. Ich küsste die alten Wangen mit Vergnügen, wir tauschten ein paar gemeinsame Erinnerungen aus. Die Stimmen klangen vertraut. Sie waren nur unsicherer und langsamer geworden.

Die Zeitreise ging weiter mit die Gesänge in der Kirche. Als ich klein war, die ganze Familie hatte an jedem Sonntag die Messe besucht. Bestimmt bis ich 15 Jahre alt war. Dann hatte ich genug Argumente, um meine Eltern zu beweisen, dass es für mich kein Sinn mehr hatte. Es folgten ein paar heftige Diskussionen, aber das Schwierigste war, dass ich meine Oma Mamie Cocotte enttäuschte. Ich hatte ihr verraten müssen, dass ich nicht mehr an Good glaubte, oder noch schlimmer: Diese Frage interessierte mich nicht mehr.

Zur Kommunion ging ich mit Catherine. Es war die erste kleine Abwechslung während dieser traurige und langweilige Zeremonie, und auch eine kleine Wallfahrt in meine Kindheit. Ich ließ die Hostie auf meine Zunge und in meine Gaumen kleben. Oh là là, ich war zur Kommunion gegangen, obwohl ich vorher nicht gebeichtet hatte! Zum letzten Mal hatte ich mit 13 im Dom von Dax gebeichtet. Ich hatte gerade meine übliche Banalität losgelassen, als der Priester fragte: »Haben Sie gesündigt durch das Fleisch, mit Aktien oder Gedanken?«[1]

Zuhause war ich immer noch so zornig, so empört und angeekelt gewesen, dass meine Eltern keinerlei Einspruch erhoben hatten, als ich sie anschrie, dass ich gerade mein letzte Beichte erlebt hatte.

Ich war meinem Vorsatz treu geblieben.

Am Ende der Messe sangen wir »Estelle de la Mar«, das bedeutet auf Gascon »Sterne des Meers«. Gascon ist die Muttersprache meiner Großeltern. Die Sprache von d'Artagnan und die drei Musketiere. Die Sprache von Südwest-Frankreich, bevor Französisch Schulpflicht wurde. Seit dem Tod meines Opas hörte man kein Gascon mehr zu Hause.

Wir verließen die Kirche und folgten dem Sarg, in dem Tante Jeanne lag. Ich tankte volle Lunge von dem Weihrauch und sang in mein Kopf weiter »Estelle de la Mar«. Ich wusste nicht mehr jedes Wort so genau wie damals.

Auf einmal kam ein Paar Mitte 60 in unsere Richtung, mit eine breite Lächeln. Oh mein Good, wer war das? Sie waren zu schnell, ich konnte Catherine nicht fragen, ob sie die beiden kannte. Nun begann der Mann zu sprechen.

»Guten Tag, wir wollten nur kurz fragen: Sie sind doch Nathalie, die Französin aus der ›Harald Schmidt Show‹, oder?«

Der Mann hatte die Frage in eine perfekte Französisch gestellt.

Ich rang um Fassung. Ich musste irgendwie und sehr schnell in die Gegenwart zurückkommen und antworte im perfekten Deutsch:

»Öööh, ja.«

»Wir wohnen hier seit fünf Jahren. Wir wussten doch, dass Sie aus Dax kommen, das hatten wir in der Presse gelesen. Wir dachten, vielleicht werden wir Sie irgendwann auf der Straße treffen. Aber auf der Beerdigung von Madame Jeanne, unserer Nachbarin – das hätten wir nie gedacht.«

Genau an diesen Augenblick bedauerte ich, dass meine Mutter mit der verstorbenen Tante Jeanne verkracht war und deshalb nicht zur Beerdigung gekommen war. Ich hatte gerade die Chance verpasst, meine Mutter endlich einmal zu beeindrucken.

---

[1] Möglicherweise sollte man hier »Aktien« durch »Taten« ersetzen. Vielleicht.

Meine Fresse

Eine Autogrammkarte
und ihre Geschichte

Irgendwann kamen die ersten Autogrammwunsch-Briefe. Meine Figure Nathalie, die Französinne, hatte sich peu à peu in der Show installiert. Ich hatte Auftritte, nicht oft, aber regelmäßig, entweder auf die Bühne oder als Außen-Reporterin für kulturelle, spörtliche oder politische Ereignisse. Am Anfang, ich habe meinen Name auf einen kleinen Sattel geschrieben.[1] Irgendwann kamen aber mehr Anfragen, und ich merkte sogar, dass ein paar Zuschauer sich verarscht fühlten mit meinem Papier-Stück. Nur ich hatte wirklich ein Problem, meine Fresse zu den mir unbekannten Personen zu schicken. Ich hatte echt keine Bock.

Für die Redaktion in Köln das war gar keine Frage: Sie würden gerne für mich ein Fotograf bestellen und Autogramkarten organisieren. Letztlich sei das aber meine Entscheidung. Ich sollte machen, was ich wollte.

Richtige Autogrammkarten! Darauf hatte meine Nichte Camille, Catherines Tochter, lange gewartet. Sie überprüfte damals sehr sorgfältig meinen Bekanntheitsgrad in den Strandgeschäften von Moliets. Besonders heftig geschimpft hatte sie mit mir, als sie ein hübscher Junge nach einer Autogrammkarte ihrer Tante Nathalie gefragt hatte. Wie sollte sie ihm eine geben? Es gab ja keine! Alle mein Bedenken wurden aus solchen und ähnlischen Gründen abgelehnt und als arrogant identifiziert. Mein Einwand, dass ich auf Fotos grundsätzlich 'ässlich aussehen würde, wurde ebenfalls weggewischt: Pat, der Kompagnon und Kameramann von Sylvie, meiner Filme machenden Schwester, könne mich ja fotografieren. Sicher, er macht in der Tat sehr schöne Bilder. Aber so richtig überzeugt war ich nicht.

Ich will mich nicht wichtig machen, aber ich habe irgendwann endlich mal eine geniale Lösung gefunden. Ich hatte für die Show eine Reihe über Museen gemacht. Die Redaktion schickte mich nach Paris, Zürich, Brügge und auch ins Deutsch Museum, um neue Ausstellungen zu besuchen. Die documenta inklusive. Ich sollte davon dann live in der Show berichten. In diese Ausstellungen gab es oft Porträts und Autoporträts. Ich wollte niemanden nachmachen, aber ich ließ mich inspirieren von Raffaels »Porträt einer Frau (La Velata)« und von van Eycks »Porträt der Margaretha van Eyck«.

Camille hat mich beruhigt. Die Einflüsse seien nicht zu merken. Ich würde gewiss keine Anzeige wegen Plagiat bekommen.

[1] Bei aller Exzentrik, die Franzosen offensichtlich zuweilen eigen ist, meint die Autorin hier aller Wahrscheinlichkeit nach »Zettel«. Wie sie auf »Sattel« kommt, wird die Nathalie-Forschung klären müssen.

auto portrait.

Die minimal organisierte
deutsch-französische Party

Eine Anleitung (mit Rezept!)

»Ja, ja, die Nathalie ist da.«

Natürlich bin ich da. Genau genommen befinde ich mich gerade in meinem Ferienhaus in Moliets[1] und – ganz genau genommen – dort in der Küche. Sie ist groß genug, damit drei Leute gleichzeitig in ihr kochen können. Aus dem Fenster, das immer geöffnet ist, hat man eine wundervolle Ausblick auf einen Kieferwald. Durch die Tür gelangt man auf eine überdachte Terrasse, die langsam immer voller wird. Ich erwarte um die 50 Gäste. Es ist meine deutsch-französische Party, die ich jedes Jahr mache.

Wer will, kann mir und meinen beiden alten Freunden Bruno und Philou beim Kochen zuschauen. Wir lassen uns gerne von der Arbeit ablenken. Ich nehme den Holzlöffel und koste von jedem Topf mehrere Male: Gibt es genug Salz? Dieses Jahr gibt es die berühmte Cassolette von Philou. Hm, sie schmeckt nicht schlecht. Zufrieden lege ich den Löffel zur Seite. Draußen gehen die Gespräche weiter.

»Nathalie ist in der Küche und kocht etwas Leckeres.«
Meine Freunde!

»Ja, genau! Sie schmeckt ihre Eintöpfe ab, und wenn wir Glück haben, dann können wir das, was übrigbleibt, gegen Mittelnacht essen.«
Meine Freunde.

Bei ersten Mal war ich noch nervös. Nicht wegen der Organisation oder dem Essen, sondern wegen der Mischung. Der menschlichen Mischung. Meine deutschen Freunde trafen hier auf meine alten Kumpel aus Les Landes. Meine Angst war eher immer Richtung Franzose. Die meisten kennen sich seit Jahren und sehen sich nur noch im Sommer oder für Weihnachten. Die Gefahr ist also, dass sie schnell einen Klan bilden. Um diese Neigung entgegen zu wirken, habe ich ein paar Techniken entwickelt. Entscheidend ist, dass jeder – auf die ein oder andere Weise – bei der Party mithilft und mitwirkt. Folgende Regeln habe ich aufgestellt:

1. Die Mädels kochen, wenn sie wollen, entweder eine Entree oder ein Dessert. Entweder zu Hause oder bei mir.
2. Die Männer kümmern sich um die Getränke. Außer Bruno und Philou, die mit mir kochen. Was sie allerdings nicht daran hindert, sich ausgiebig um die Getränke zu kümmern.
3. Die anderen, die keine Bock haben, irgendwas zu machen, laufen rum, kommentieren alles und jeden, machen Witze, liegen unter der Sonne und bitten diejenigen, die in der Küche sind, eine frische Soda aus der Kühlschrank zu holen, mit Eiswürfeln, wenn es nicht zuviel verlangen ist. Die faule Abteilung spielt eine wesentliche Rolle in der Gruppen-Dynamik: Sie lässt die Stimmung »mijoter«.[2]

Eine wichtige soziale Funktion hat auch *l'apéritif*. Mittelweile, meine deutsche Freunde wissen Bescheid: Wenn sie bei mir zum Essen eingeladen sind, gibt es zuerst einen Ricard, einen Kir oder ein Glas Weißwein. Das zieht sich über eineinhalb Stunde hin, und wenn die Stimmung sehr gut ist, kann das auch noch länger dauern. Der Vorteil ist: Die Leute, die sich nicht kennen, kommen sich auf unkomplizierte Art näher. Das größte Geheimnis einer gelungenen deutsch-französischen Party ist jedoch das Chaos. Es provoziert unerwartete Situationen. Aus Zufall treffen Leute aufeinander, die ansonsten vielleicht kein Wort miteinander gewechselt hätten. Die wahre Kunst besteht also darin, wirklich nur minimal organisiert zu sein.

Die Frage, ob es den Hauptgang um neun Uhr, zehn Uhr oder Mitternacht gibt, ist – vor diesem Hintergrund betrachtet – nur von geringer Bedeutung.

Auf der Terrasse treffe ich die ersten Besucher aus dem Franzosen-Kontingent. Ich schicke sie gewohnheitsmäßig erst einmal zu den Ferienhäusern meiner deutschen Freunde. Dort sollen sie Gartenstühle und Tische abholen. Ich weiß jetzt: Das dauert ewig. Sie werden erst einmal miteinander plaudern, ein Tee oder ein Soda trinken oder schon ein Aperitif, was weiß ich? Vielleicht sogar eine Bier. Ehrlich gesagt: Es dauert von Jahr zu Jahr länger, bis die Franzosen zurückkommen. Das ist für mich ein gutes Vorzeichen für die Party. Solange wir die Tische nicht decken können, wissen wir allerdings auch nicht, wie viel Bestecke oder Teller fehlen.

In diesem Moment meldet sich immer ein Besserwisser, und wie jedes Jahr stammt er aus der faulen Abteilung. Er steckt den Kopf in die Küche, guckt mich groß an und fragt:

»Nathalie, hast Du genug Besteck?«

Du meine Gute! Wen interessiert's? Anderseits ... Mit 50 Gästen braucht man schon reichlich Messer und Gabeln. Ich inspiziere die Schubladen, löse im Kopf eine kleine Rechenaufgabe und antworte entschlossen:

»Ööööööh … Vielleicht doch nicht.«

Erfreut schicke ich die nächste französische Kontingent zu die gleichen Deutsche, wo sich noch das erste Kontingent befindet. Ihre Mission: Besteck einsammeln. Ich bin mir ganz sicher: Soda und Tee kommen dort jetzt nicht mehr in Frage. Auf jeden Fall, die Stimmung »mijote«.

Es ist schon halb Sieben, als meine Schwester Catherine mit ihre Mann und ihre Tochter Camille plus Tartes Salées kommt. Mein Neffe François ist schon seit heute Mittag am Strand und kommt von dort direkt zur Party. Camille, ein waschechter Teenager, hat zwei Kuchen und zwei Freundinnen mitgebracht. Catherine ist die mittlere von uns drei Schwestern. Als eine Art Mutter der Kompanie erkennt sie sofort, wo sie helfen kann: Schnell verteilt ihre Mann Bernard auf zwei große Mülleimer das Eis, das sie in Dax gekauft haben, um so die Getränke kühl zu halten. Ich wende mich wieder Bruno und Philou in der Küche zu. Bruno überprüft, ob das Essen scharf genug ist. Der Hauptgang ist bei meiner Party traditionell sehr einfach und »sans façon«.

Bruno kenne ich seit einer halben Ewigkeit. Mittelweile lebt er in Paris und arbeitet dort als Musikjournalist. Wenn er lacht, sieht man seine Zahnlücke. In Frankreich sagt man, dass Zahnlücken Glück bringen. Philou kommt zwar aus Dax, kennengelernt haben wir uns aber erst in Paris. Er ist ein wundervoller Hobby-Koch, klein, rote Haare und – wenn er nicht gerade Diät macht – etwas pummelig. Zurzeit macht er keine. Wäre aber auch ein Jammer, denn das Essen wird richtig lecker.

Wir haben eingekauft und gekocht der ganze Nachmittag. Wir haben kurz über die Arbeit gesprochen und dann über die Liebe. Schnell danach auch über Sex, nicht so tief wie vor 20 Jahre, als das eines unserer Hauptthemen war. Nein, eher als kleine Kontrolle, um zu überprüfen, ob alles in Ordnung ist. Über alle Neuheiten oder Änderungen freuen wir uns. Philou brät noch kurz die Hündchen-Filet[3] für die Nervischen, die nicht den Eintopf mögen werden.

Normalerweise es ist ungefähr an diese Zeitpunkt, dass Sylvie kommt.

Tatsächlich, wie aus dem Nichts steht meine älteste Schwester auf einmal in der Küche. Sie ist unser Energiebündel. Ich traue meinen Augen nicht: Was, bitte schön, ist dieses voluminöse weiße Dinge, das sie sorgfältig auf ihre zwei gestreckte Arme trägt?

»'allo an alle, 'allo meine Schwester!«

Die letzten beiden Wörter sagt sie wirklich auf Deutsch. Seit ich in Köln wohne, nennen wir uns sehr oft »meine Schwester« und nur manchmal »ma sœur«.

»Ich habe mir gedacht, dass Du wahrscheinlich nicht an Tischtücher gedacht hast ...«

Ich kann es kaum glauben.

»Oh, oh!«, sagt sie und schaut sich demonstrativ um. »Die Tischtücher wären ja gar nicht nötig gewesen, Du hast ja sowieso keine Tische im Garten stehen«, sagt sie ironisch.

»Keine Sorge, die sind unterwegs. Die kommen gleich. Irgendwann.«

»D'accord, dann sind die Tischtücher für später ...«

»Nee danke, meine Schwester, das ist ganz lieb, aber ich habe nicht vor ...«

»Was? Du willst Deine Freunde ohne Tischtuch empfangen?«

Ja, so ist sie. Und ich bin nicht so!

»Genau das habe ich vor. Es ist eher ein coole Party.
Ich habe Urlaub und keine Bock, in drei Tagen noch am
Putzen zu sein.«

»Kein Problem, ich kann das übernehmen.«

»Ja, das ist sehr nett, aber ich habe keine Lust, dass Du
das für mich machst.«

Aus den Augenwinkeln sehe ich, dass unser kleines,
spontan aufgeführtes Familiendrama dankbare Zuschauer
gefunden hat. Fehlt nur noch, dass Bruno, Philou und die
anderen Gäste, die sich dazu gestellt, wild applaudieren
und »Bravo!« rufen. Bruno will jetzt offensichtlich auch
mitspielen und annonciert dramatisch:

»Ah, pass auf! Die dritte Schwester kommt.«

Tatsächlich. Catherine fühlt sich anscheinend ausge-
grenzt und möchte auch etwas auf das Thema sagen. Immerhin, sie ergreift für mich Partei.

»Aber Sylvie, es ist Nathalies Party, lass sie es so machen, wie sie es will.«

Genau!

»Wenn wir zu Dir kommen, wir kritisieren ja auch
nicht deine Messerbänke und Namenschilder«, fährt
Catherine fort. »Du bist die Spezialistin von *les arts de la
table,* nicht wir.«

Genau!

So schnell gibt Sylvie aber nicht auf.

»Aber es ist völlig absurd! Mit den verschiedenen Tischen wird das alles sehr unschön aussehen.«

»Gut, das wird vielleicht nicht besonders elegant sein,
aber meine Gäste werden sich frei fühlen und ...«

»Na gut Nathalie«, knickt Catherine auf einmal ein,

»Sylvie hat ein bisschen recht, Du könntest zumindest Papier-Tischtücher auf die …«

»Allez Licard!« Bruno hat für seinen Geschmack lang genug geschwiegen. »Hör mal auf Deine Schwestern, das stimmt, was sie sagen.«

»Ah, Du Costemalle, halt die Klappe!«

So heißt Bruno mit Nachnamen. In den feierlichen Augenblicken unseres Lebens reden wir uns nur mit Nachnamen an. Ich zucke mit den Schultern.

»Na ja, jeder muss sich frei fühlen, wenn jemand ein paar Rollen kaufen gehen will – kein Problem! Nur: Ich habe keine Zeit.«

»Ah, stimmt! Du musst noch mal deine Töpfe abschmecken.«

Eigentlich ist Bernard sehr schweigsam, aber er hat einen ausgeprägten Sinn für trockene Humor. Den Witz hätte er allerdings besser nicht machen sollen: Schon hat Catherine eine Idee.

»Ah Du, Bernard, Du solltest schnell an den Strand zum kleinen Supermarkt fahren und da Papiertischtücher kaufen … Bernard?«

Zu spät. Ihr Gatte hat sich mit Bruno und Philou zur faulen Abteilung zurückgezogen. Schon sitzen sie beim ersten Aperitif.

»Allez, Bernard, sei lieb.«

»Nein.«

»Allez, mir zuliebe …«

»Nein. Äh, Nathalie, kannst Du mir ein paar Eiswürfel bringen?«

Ich deponiere meinen Holzlöffel auf dem kleinen gekachelten Tisch, der in der Mitte der Küche steht, und wende mich zum Kühlschrank. Catherine aber gibt sich noch nicht geschlagen.

»Ah nein, Bernard, jetzt übertreibst Du, Du solltest lieber …«

»Nein.«

In diesem Fall bin ich auf der Seite meines Schwagers.

»Catherine, der arme Kerl hat genug gearbeitet. Schau, Bernard, ich habe Dir auch Oliven mitgebracht!«

»Danke.«

Auf der Terrasse steht inzwischen das komplette Tische-und-Stühle-und-Besteck-Kontingent und verfolgt begeistert die Vorgänge in der Küche. Dabei haben wir diese improvisierte Theaterstück schon im Vorjahr gespielt, damals allerdings unter dem Thema: Bernard, kannst Du mal eben schnell zur Bäckerei? Wir haben Brot vergessen.

Vielleicht ist das ja typisch französisch, diese Lust am Herumstreiten. Wir haben dafür sogar ein Ausdruck: *batailler pour batailler.*

Ja wirklich: Der Franzose ist ein Meckerer. Aber das weiß er und inszeniert gerne diese Eigenschaft. Er lacht darüber.

Ist es wirklich typisch französisch oder nur südfranzösisch? Na ja, was weiß ich? Es ist auf jeden Fall typisch südwestfranzösisch, da bin ich mich ganz sicher.

Ich kümmere mich um Teenager, ich kümmere mich darum, dass die Boule spielen, obwohl sie gar nicht wollen, ich kümmere mich um die *amuse-bouche,* in dem ich den anderen bei der Zubereitung auf die Finger schaue, ich kümmere mich … So, jetzt kann ich mich endlich um die allgemeine Organisation kümmern. Was macht das Dessert? Oh, jemand hat es schon auf einem Tisch weiter hinten aufgebaut. Ganz ohne mein Wissen! Wer war noch mal gleich für den Hauptgang verantwortlich?

»Bon, allez Licard! Wann essen wir endlich? Wir haben Hunger!«

» Fangt doch an, ihr braucht mein Erlaubnis nicht.«

Bettina und Bruno sind offensichtlich sehr gut gelaunt. Für Bruno sieht Bettina aus wie Meryl Streep in dunkel. Die dunkle Meryl und mein dunkelblonder Freund kichern schon wieder. Ich sehe ihren Blick und ahne, worum es geht. Ich nähere mich den beiden, spitze die Ohren und höre, wie Bettina gerade sagt:

»Oh, pas de problème! Dieses Jahr habe ich um 17 Uhr für die ganze Familie Nudeln gekocht, Nathalies Aperitif kann ruhig noch zwei Stunden dauern.«

»Clever. Nächstes Jahr komme ich bei Dir vorbei.«

»Bravo, Costemalle, sehr lustig«, denke ich. Ich gehe an den beiden vorbei, ohne ihnen auch nur einen Blick zuzuwerfen. Man hat schließlich sein Stolz.

Ich habe eine große Glück mit meine deutschen Freundinnen. Die kochen sehr gut und sehr kreativ. Jedes Jahr dasselbe: Salate und Frikadellen! Die Franzosen stoßen sich immer als erstes darauf. Wenn ich beobachte, wie diese Feinschmecker und Leber-Pasteten-Fresser außer sich sind wegen der Frikadellen und wie die Backen meiner deutschen Freundinnen vor lauter Komplimenten rosa werden, ich jubele und bin mit meiner minimal-optimalen Organisation mehr als zufrieden. Meine Freundinnen erklären gern die kleinen Tricks, die man für die Herstellung einer echten Frikadelle beherrschen muss. Das machen sie jedes Jahr immer wieder. Die Franzosen-Kinder verlangen nämlich auch zu Hause von ihren Franzosen-Mütter die germanische Fleischkugel. Anscheinend können sich aber die Mütter schon kurz nach der Party nicht mehr an das Rezept erinnern.

Es ist Catherine, die inzwischen Papiertischdecken besorgt hat. Decken und Kerzen kommen auf die Tische. Eine lebendige Party. Eine schöne Party. Die menschliche Mischung funktioniert perfekt, die Lacher steigen auf wie kleine Rakten. Minimal vorbereitet, ein bisschen chaotisch, ein Fest, wie es sich gehört. Und der Eintopf ist auch schon fertig. Neun Uhr. Weit vor Mitternacht. Nächstes Jahr, denke ich, kann ich ruhig noch ein wenig öfter abschmecken.

---

[1] Der Übersetzer wundert sich, dass die Autorin stolze Besitzerin eines Ferienhauses ist. Sie selbst dazu: »Ja, natürlich habe ich eine Ferienhaus! Ich bin eine typisch Immigrant: Ich schnappe mein Geld in Deutschland, wo ich eine Wohnung miete, und investiere in eine Haus in mein Land. Nee, nicht für die Rente, eher für die Urlaub.«

[2] Auf die wundersame Bedeutung des Wortes »mijoter« geht die Autorin im Kapitel »Essgewöhnheiten I« ein.

[3] »Hündchen-Filet«? Das traut der Übersetzer noch nicht einmal Franzosen zu. Die Autorin bestätigt nach mehrmaliger Nachfrage, »Hühnchen« gemeint zu haben. O-Ton: »Hühnchen, Hündchen, das ist für mich keine große Unterschied.« Der Übersetzer hofft, dass sich diese Feststellung ausschließlich auf den Klang der beiden Wörter beschränkt.

Die Cassolette von Philou

Ich habe gerade mit der Philou telefoniert für die Rezept. Das hat Stunde lang gedauert, er hat mir so viel Details gegeben! Nur für die Übersetzung hätte ich drei Tage gebraucht. Hier kommt die »light« Fassung:

Für 6 Personen:
Schneiden Sie ein Schwein-Braten (von einem Kilogramm) in Stücke. Nicht so groß, nicht so klein. In eine Pfanne braten lassen.

Währenddessen drei Viertel von eine schöne Chorizo, in Scheibe geschnitten, braten lassen in eine Cocotte. Und zwar *à sec,* das bedeute ohne zusätzliches Fett.

Dann 400 Gramm Spargel hinzufügen. In Stücke geschnitten, nicht so groß, nicht so klein. Rühren.

100 Gramm vertrocknete Steinpilz hinzufügen. Man hat vorher die Pilze in eine Schale mit Wasser ziehen lassen. Mehrere Mal das Wasser wechseln.

Die Schweine-Stücke, wenn sie eine schöne braune Farbe haben, in der Cocotte hinzufügen.

Déglacer die Pfanne mit Wasser, um alle Saft zurück zu gewinnen.

In der Cocotte einarbeiten.

Eine Stunde lang *mijoter* lassen mit Deckel. Sehr klein Hitze.

Bevor man isst, 20 cl. Sahne dazugießen. Bestreuen mit »piment d'Espelette«: Pfeffer aus Espelette, ein Dorf in Basqueland.

Mit Dampf-Kartoffeln servieren.

FAQ – Foire aux questions VIII
Was Deutsche von einer Franzosinne wissen wollen
(mit Antworten!)

»Was siehst Du anders, seit Du in Köln wohnst?«

»Meine Beziehung zu der Schönheit hat sich geändert. Am Anfang ich fand viel Sache wirklich 'ässlich. Ich sah die braune Farbe überall, sogar an Häusern, drinnen sowie draußen. Das war mir fremd und teilweise machte es mich traurig. Dann habe ich festgestellt, dass die junge Leute sehr kreativ sind, was Mode angeht. Auf die Straße habe ich gewagte, aber sehr gelungen Assoziation bemerkt. Ich hatte die Eindrück, dass die Mode nicht so in Kategorien wie »Chic«, »Klassik«, »Bourgeoise, die cool bleiben möchte«, »Bourgeoise, die ihre Geld zeigen will« und so weiter eingeteilt ist. Die gibt es hier auch, nur in Frankreich in jeder Kategorie tragen die Leute die gleichen Dinge! Ich habe für mich daraus geschlossen, dass die Franzose in ihrer Haute-Couture-Geschichte eingesperrt sind. Ich weiß auf jeden Fall, dass mein Wahrnehmung der Ästhetik sich verbreitet hat. Ich bin gar nicht erstaunt, dass Deutschland in der Prêt-à-Porter-Mode-Branche ein Leader-Rolle spielt in der Weltwirtschaft. Das ist übrigens total unbekannt in Frankreich. Es gibt ein paar sehr berühmte Marken, wovon die meisten Franzose ignorieren, dass es deutsche Marke sind. Sowie sie wahrscheinlich vergessen haben, dass ihr so geliebter Karl Lagerfeld Deutscher ist.«

»Wo ist denn jetzt die Grenze in Deutschland?«

Das Cholesterin-Käse-Drama

»Schön, Frau Licard, Sie haben gute Ergebnisse.«

Ich saß im Behandlungszimmer meines Arztes und hörte mir an, was er zu erzählen hatte über meine Blutbild. Es war eine reine Routine-Untersuchung gewesen. Mein Arzt las und kommentierte jede Wert, redete über Leukozyten und Hämoglobin, informierte mich über Eisen und anorganische Phosphate – und mich, interessierte das alles nicht. Ich wartete mit einer gewissen Besorgnis auf meine Cholesterin-Werte. Ich wusste ja, dass meine *gourmandise*[1] sich irgendwann in meine Cholesterin-Spiegel bemerkbar machen würde. Wenn es nur noch ein paar Jahre warten könnte …

»Na gut, es gibt nur bei dem Cholesterin …«

»Was! Ich habe Cholesterin?«

»Ach nein, Frau Licard, keine Sorge, nur ein bisschen …«

»Aber wie viel habe ich? Bedeutet das, dass ich machen muss ein Diät? Ja? Nein?«

»Aber, aber, keine Panik, Ihre anderen Werte sind perfekt.«

Er nervte mit seinen anderen Werten. Nur mein Cholesterin zählt! In Frankreich musst du machen ein Diät, sobald du Cholesterin hast. Und ich fühlte mich nicht wirklich bereit oder motiviert …

»Nun gut, Frau Licard, Sie sind Französin.«

»Ja.«

»Das bedeutet, dass Sie Käse essen.«

»Ja.«

»Jeden Tag?«

»Ja.«

»Zu jeder Mahlzeit?«

»Wenn ich zu Hause bin … ja.«

Okay, das war ein kleines bisschen geschummelt. Ich frühstücke nämlich nicht.

»Gut, ab jetzt kommt kein Käse mehr in Ihren Kühlschrank.«

Ich wurde blass.

»Keine Sorge, das bedeutet nicht, dass Sie keinen Käse mehr essen dürfen, nur nicht mehr regelmäßig.«

Ich musste wirklich *sehr* blass geworden sein.

»Wissen Sie was? Ab und zu dürfen Sie sich mal ein leckeres Stück Käse kaufen …«

Ab und zu mal ..?

Er konnte froh sein, dass er nichts gesagt hatte über magere Käse. Da hätte ich wahrscheinlich explodiert!

Ich probierte eine neue Strategie aus.

»Ich hätte die Blutabnahme nicht so kurz nach Weihnachten und Silvester machen lassen dürfen,« kommt eine kleine Hoffnung in mich auf.

»Ach, das spielt keine Rolle, Frau Licard …«

»Humm, Sie wissen nicht, wie das bei uns ist. Ich habe viel *foie gras* gegessen! Mittags *und* abends!«

»Nein, Frau Licard, da hätten Sie wirklich sehr, sehr viel essen müssen.«

»Habe ich doch!«, dachte ich.

Mein Arzt blieb unerbittlich.

»Nein, am besten, Sie halten es mit dem Käse so, wie wir es besprochen haben.«

»Das wäre schon mal ein Anfang.«

Zu Hause machte ich eine Analyse von meinen Ergebnissen. Auf der Liste war eine einzige Zahl eingerahmt: der Cholesterin-Wert. Bingo. 235 mg/dl. Was bedeutet »mg/dl«? Hm, dl ... Deziliter wahrscheinlich, wie in Frankreich. Ah ja, und da stand: 199. Der Zielwert. Na gut, ich war ein bisschen drüber. Und dann: 200 bis 239 – grenzwertig erhöht. Na, da war dann wohl ich. Und das noch: ab 240 erhöht. Mir doch egal! Ich war nur grenzwertig.

Klang doch gar nicht so schlimm. Und dafür keinen Käse mehr im Kühlschrank?

Ich dachte nach. Konnte es nicht sein, also rein theoretisch zumindest, dass die Werte in Frankreich ein *bisschen* anders betrachtet werden? Dass es da ein *bisschen* andere Grenzwerte gab?

»Wir haben ja auch andere Essgewöhnheiten«, dachte ich.

»Ja, und die Lebenserwartung ist in Frankreich viel höher als hier,« glaube ich.

Ich beschloss, meine Schwester Catherine anzurufen.

»'allo meine Schwester?«

»Ah! 'allo, *ma soeur!*«

Nach einem gründlichen halbstündigen Gespräch über die gesamte Familie näherte ich mich vorsichtig dem eigentlichen Thema. Ich wollte Catherine nicht verraten, dass ich zu viel Cholesterin hatte, ich hätte sonst schon wieder hören müssen, dass ich zuviel esse und so weiter ... Ich hatte aber eine kleine Strategie eingebaut.

»Ah ja, ansonsten ich habe heute früh meine Blutwerte bekommen und ...«

»Hast Du Cholesterin?«

Jetzt musste ich mein Contenance behalten.

»Nun, offensichtlich ich habe sogar ein sehr gutes Verhältnis zwischen meinem guten und meinem schlechten Cholesterin.«

Das hatte mein Arzt wirklich gesagt. So ungefähr zumindest. Vielleicht mit etwas weniger Begeisterung.

»Was? Was soll das? Du hast erhöhte Cholesterin-Werte! Du willst es nur nicht zugeben. Wie viel hast Du?«

»Ööööh ... 235.«

»Okay, warte mal ab, ich werde das mit meinem letzten Ergebnis vergleichen.«

Catherine legte den Hörer beiseite. Ich hörte Papier rascheln. Da war sie wieder.

»Warte mal ... 235 hast Du gesagt?

»Ja.«

»Ja gut, Du hast zu viel, ich wusste es.«

»Ich brauche nicht Deine Kommentare, sondern eine sachliche Info. Wo ist die Grenze bei euch? Lies es mir *bitte* vor.«

»Ja bitte schön, sehr gerne! Cholesterol total normal: 1,50 g/l bis 2,30 g/l. Für Frankreich Du hast zu viel, da kann man nichts machen.«

»Bist Du sicher, dass 235 mg/dl sind gleich 2,35 g/l?«

»Aber Nathalie, sag mir nicht, dass Du das nicht weißt.«

»Und kannst Du mir *bitte* sagen, warum ich sollte das wissen? Ich brauche das nie!«

»Doch. Jetzt.«

»'a 'a, sehr lustig. Das heißt einmal in fünf Jahren.«

»Ja, aber wenn Du so oft eine Blutkontrolle machen würdest, wie Du solltest ...«

»Jetzt hör auf, ich glaube, dass ich mit Mamam spreche.«

»Wo ist denn jetzt die Grenze in Deutschland?«

»Also, hier gibt es einen Zielwert und dann eine grenzwertige Abteilung, und da bin ich drin.«

»Ah ja, das bedeutet, dass Du jetzt wirklich aufpassen musst, sonst brauchst Du Medikamente in einem Jahr. Und Dein Arzt hat Dir wirklich keine Diät empfohlen?«

»Überhaupt nicht.«

»Ich weiß nicht, was Du für einen Arzt hast, aber in Frankreich würdest Du jetzt eine Diät machen.«

»Ich habe denselben wie die Bettina, er ist sehr gut, und er weiß besser Bescheid als Du.«

Pause.

»Du bist keine Ärztin, so weit ich weiß«, fügte ich spitz hinzu.

»Ich weiß, aber in Frankreich ...«

»Ah, hör auf mit Deinem Frankreich! Glaubst Du, dass ich im Dschungel wohne oder was? Er hat mir nur gesagt, dass ich ein bisschen aufpassen sollte.«

»Ach so. Das ist natürlich etwas *völlig* anderes. Eine echte Neuigkeit. Klar, man kann die Sache natürlich anders ausdrücken, wenn Du willst ...«

»Er hat mir ein neues Öl empfohlen: Distelöl. Das heißt *huile de chardon.* Gibt es das auch in Frankreich?«

»Nie gehört.«

»Ich habe das schon bei Bettina probiert, es ist sehr lecker.«

»Ja gut, Nathalie, aber Du solltest trotzdem weniger essen. Seit Du in Deutschland bist, Du hast zugenommen.«

»Und? Kannst Du mir beweisen, dass ich dünner wäre, wenn ich in Frankreich geblieben wäre?«

»Nein, aber ich bin mir ganz sicher.«

Et voilà, dank meinem deutschen Arzt und meiner französischen Schwester Catherine gibt es kein Käse mehr in mein Kühlschrank. Das wirkt. Bei der letzten Untersuchung bin ich auf 234 gesunken, ein Punkt weniger, immerhin. In Frankreich wären das 2,34 g/l. Wobei ich mittelweile festgestellt habe, dass die verwendeten Maßeinheiten keine Frage des Landes sind, sondern des jeweiligen Labors. Ich will da keine falschen Infos verbreiten. Und ja: Das mit den 234 mg/dl ist auch schon wieder drei Jahre her. Sollte ich mal wieder eine Kontrolle machen lassen? Mal schauen. Vielleicht.

[1] Franz. für Naschhaftigkeit, Gefräßigkeit.

FAQ – Foire aux questions IX
Was Deutsche von einer Franzosinne wissen wollen
(mit Antworten!)

»Kommen Deine Familie oder Deine Freunde Dich ab und zu mal in Deutschland besuchen?«

»Ja natürlich! Nicht so oft, wie wenn ich in Roma oder Barcelona wohnen würde … aber sie kommen. Sie haben sogar schon ein paar Ritual. Zum Beispiel meine Schwester Sylvie oder meine Freunde Bruno und Philou würden nie zurückfahren, ohne eine warme Wurst mit die passende süße Senf in eine Bude auf der Straße oder im Bahnhof gegessen zu haben. Mit meine Schwestern fahren wir Fahrrad systematisch den Rhein entlang. Sogar meine Oma Mamie Cocotte war schon mal da. Sie fand Düsseldorf ganz schön. Sie hat es nicht direkt gesagt, aber viel schöner als Köln. Was ihr noch besser gefallen hat, war Amsterdam.«

La bise

Auf meine deutsch-französische Party, die ich jedes Jahr in Moliets mache, gibt es zwei Personen, von denen ich noch nicht gesprochen habe. Das sind Julie und Paula, meine zwei kleine Freundinen aus Köln. Sie sind die Töchter von meine Freundinnen Parvin und Bettina.

Bei ihrem ersten Besuch in Moliets Paula war drei Monate alt. Eines Abends, als wir mit meiner Schwester Catherine in einem Restaurant essen waren, stellte Bettina ihre weinende Tochter draußen vor die Tür. Das war ein paar Tage vor Silvester: minus 3 Grad. Paula war natürlich in ihre Kindersitz und gut eingewickelt in warme Klamotte plus dicke Decke. Aber der erschreckte Blick von Catherine rief ganz dringend nach einer Erklärung. Ich versicherte ihr schnell, dass das keine Misshandlung war, sondern eine Art, Kinder zu beruhigen. Bettina erzählte zusätzlich, dass diese Methode in skandinavische Ländern sehr verbreitet ist. In der Tat war Paula nur ein paar Minuten später tief am Schlaffen, und Bettina holte sie zurück ins Restaurant.

Dieses Erlebnis hat meine Schwester sehr beeindrückt. Ein paar Jahre lang war es ihr Lieblingsbeispiel, um die kulturelle Unterschied zwischen Deutschland und Frankreich zu veranschaulichen.

Heute ist Paula elf Jahre alt. Sie hat die minus drei Grad in Moliets ohne Probleme verkraftet, spricht gut Französisch und isst gerne *foie gras*. Es gibt aber eine französische Gewohnheit, die sie ganz radikal zurückweist. Es ist *la bise*. Man kann nicht von einer Blockade sprechen. Eher von einem Trauma.

Ihre Freundin Julie ist ein Jahre älter und total mit *la bise* vertraut. Wenn ihre orientalische Tante, ihre Oma und ihr Onkel aus Iran, Paris, London oder Montreal kommen, die Küsschen drücken sich auf die Wange und man umarmt sich sehr stark. Julie spricht wie die ganze Familie sehr gut Französisch und isst auch gerne *foie gras*.

Auf meine Party in Moliets Paula versteckt sich am Anfang immer hinter meine Eiche. Sie will die Qual der *la bise* entgehen. Aber weil sie nicht unhöfflich sein will, versteckt sie sich nicht ganz. Mein Freund Dany Baillé fragte mich einmal:

»Nathalie, wie heißt noch mal die Tochter von Bettina?«

»Paula. Warum?«

»Sie ist ein bisschen komisch, oder?«

»Nein, gar nicht. Warum?«

»Sie ist so was von steif. Sie guckt so mit großen Augen. Sie *rollt* mit ihnen. Und sie lächelt gar nicht! Schade, sie hätte sonst schöne Augen.«

»Ah, Du hast ihr *la bise* gemacht, oder?«

»Ja, natürlich.«

»Deswegen! Sie hasst das. In Deutschland nur die Eltern küssen ihre Kinder.«

»Ja, aber trotzdem … Sie sind sehr kühl, die Deutschen, oder?«

»Nein, das hat damit nichts zu tun, sie ist sonst sehr lebendig, sie hasst nur, geküsst zu werden!«

Dany Baillé guckte mich verständnislos an.

»Ich habe das auch als Kind gehasst«, fuhr ich fort. »Als ich einen alten Onkel küssen sollte und gespürt habe, dass seine Lippen ein bisschen feucht waren, habe ich mir sofort die Wange mit meinem Ärmel abgeputzt ...«

Dany Baillé guckte mich noch verständnisloser an.

»Aber ...«, protestierte er.

»Ach so, nein, ich will Dich nicht mit einem alten Onkel vergleichen«, beruhigte ich ihn. »Aber ich kann Paula verstehen. Wenn man nicht daran gewohnt ist ... Das hat mit der Staatsbürgerschaft nichts zu tun. Du hast ihre Freundin Julie doch auch geküsst, oder?«

»Die süße Rothaarige neben ihr? Sie ist aber doch Französin?«

»Nein, sie spricht nur gut Französisch, ist aber auch Deutsche. *La bise* ist aber für sie kein Problem!«

»Was? Und sie spricht schon so gut Französisch? Unglaublich, diese Deutsche ...«[1]

Meine Schwester Sylvie ist wahrscheinlich schuld an Paulas Trauma. Sie küsst mit Leidenschaft. Sie umarmt ihre Sujet oder legt ihm ihre Hände auf den Nacken, an den Hals oder auf eine Schulter. Manchmal greift sie auch einfach sein Gesicht mit die zwei Hände, um so besser ihre *bises* deponieren zu können. Mit eine normale *bise* man bekommt einen Viertel-, maximal einen halben Lippenabdruck. Sylvie hinterlässt eine komplette Stempelabdruck aus Lippenstift. Die Kinder haben nicht einmal Zeit, ihn sich abzuputzen. Meine Schwester selber wischt ihre Spur mit einer schnellen Geste ihres Daumens ab.

Vor fünf Jahren – kurz vor die Sommerferien – war

Bettina am Kofferpacken, als sie hörte, wie Paula in ihrem Zimmer mit ihre Bruder spielte. Offensichtlich vorbereiteten sich die beiden auf den Urlaub in Moliets.

»Okay, Fritz, jetzt bis Du dran«, sagte Paula, »Du spielst Sylvie, und ich bleibe ich.«

Bettina ging leise an die offene Tür und schaute. Fritz stürzte sich gerade zu seine Schwester hin mit eine breite Lächeln und weit geöffnete Arme.

»Oh Paula! Wie groß bist Du geworden! Wie süß, Deine Haare sind noch länger, komm hierher, dass ich Dich küsse!«

Paula lief weg, Fritz hinterher. Endlich fing er seine schreiende kleine Schwester, umarmte sie ganz fest und küsste volle Lippe. Das Spiel endete mit laut Lachen.

Ich habe Paula wegen ihres Traumas eine Strategie vorgeschlagen: Anstatt zu warten wie ein ängstlich Vogel, der sich damit abgefunden hat, dass sich sein Verfolger gleich auf ihn stürzt, soll sie lieber auf denjenigen zugehen, der ihr *la bise* machen will, mit eine breit Lächeln und ausgestreckt Hand. Sie hat es schon mehrmals ausprobiert, und bislang funktioniert es ziemlich gut. Es kann natürlich passieren, dass der Erwachsene schüttelt zuerst ihre Hand und küsst sie dann doch noch. Was aber Sylvie angeht, hat sie es nicht einmal versucht. Sie weiß, es ist hoffnungslos.

Sonst meine deutschen Freunde haben sich sehr gut an *la bise* adaptiert.

Fritz hat inzwischen alle Raffinesse verstanden. Er küsst mich nicht, wie er sein französische Schwarm Lea küsst. Das konnte ich ganz genau beobachten diesen Sommer. Er küsst dies süße Mädchen viel langsamer, und zwar Richtung Mundwinkel. Auffällig ist auch, dass er nicht mehr rot wird. Lea wird inzwischen auch nicht mehr rot, und ihre Kopfbewegung favorisiert die neue Orientierung von Fritz.

Bleiben die Erwachsenen: Ich beobachte, dass die Männer sich bemühen um Assimlierung. Sie haben prima adaptiert eine neue französische Gesellschaftstrend: Die Männer machen sich *la bise*. Dieser Gebrauch kommt aus der Kultur- ind VIP-Szene und hat sich in den letzten zehn Jahren überall in Frankreich und in viele Milieus verbreitet. Man küsst sich privat, aber auch beruflich. Auf jeden Fall meine fleißigen deutschen Freunde machen nicht nur mit, sondern nehmen jetzt sogar die Initiativ, unter die spöttische Blicke ihrer Frauen. Ob das wird zum Trend in Deutschland? Non, ich glaube, die Deutsche sind dafür zu protestant.

Über *la bise* muss man jedoch noch ein paar Punkte klären.

Wie oft habe ich die folgende kleine Szene in Köln erlebt in den vergangenen 14 Jahren? Sehr oft.

Ein Kollege, ein Bekannter – auf jeden Fall ein Frankreich-Liebhaber – kommt zu mir und küsst mich. Ich unterbreche sein Schwung nach zwei Küssen. Er wundert sich:

»Ich dachte, die Franzosen küssen sich dreimal.«

»Weil Du nur in Bretagne Urlaub machst, bei mir in *les Landes* es ist nur zweimal.«

»Ach so! Und in Paris?«

»Zweimal.«

»Ach. Und in der Provence?«

»Ööööh … weiß ich nicht. Auf jeden Fall man musst sich adaptieren am Ort, wo man sich befindet. Eigentlich es ist in viele Gegend zweimal.«

»Was ich auch nie weiß: Auf welcher Seite muss man anfangen?«

»Es gibt keine Regel, es ist eine Gefühle-Frage. Und immer daran denken: Wenn man zögert, im schlimmsten Fall die Nase berühren sich.«

Es gibt noch einen wichtigen Punkte, den viele Ausländer ignorieren: Man küsst sich nicht nur, wenn man sich trifft, sondern auch, wenn man sich verabschiedet.

---

[1] Das müssen diese laizistischen Franzosen gerade sagen! Vorschlag des Übersetzers: Ersetze »ungläubig« durch »Unglaublich«.

La carte des bises

Karte zum Mitnehmen für Ihre nächste Reise nach Frankreich, Belgien oder in die Schweiz. Je nach Region und Land müssen Sie eins-, zwei-, drei- oder gar viermal küssen.

FAQ – Foire aux questions X
Was Deutsche von einer Franzosinne wissen wollen
(mit Antworten!)

»Du bist jetzt seit einer Weile in Deutschland, welche
Änderungen würdest Du den Deutschen empfehlen?«

»Was soll das für eine Frage sein, Du glaubst doch wohl
nicht wirklich, dass ich Dir *darauf* antworten werde,
oder?«

»Doch. Warum denn nicht?«

»Weil ich die Oberlehrer hasse! Die Deutsche brauchen mich nicht, um sich zu verbessern. Außerdem man
würde sofort sagen, dass die Franzosen arrogant sind, auf
diese Spielerei wirst Du mich nie bringen!«

»Ach, warum nimmst Du das so dramatisch? Es ist nur
eine harmlose Frage, auf die Du antworten kannst *sans
façon*, nur als Spaß ...«

»Was glaubst Du denn? Dass ich etwas völlig Neues
sagen werde, etwas, das sie noch nicht wissen?«

»Na ja, warum denn nicht, weiß ich nicht, wenn Du
mir es nicht sagst ...«

»Ah Du meine Gute, Du gehst mir langsam auf der
Keks!«

Stille.

»Na gut, ich hab' was. Also ... Die Deutschen sollten ihre Kinder den ganzen Tag an der Schule schicken!
Dann könnten die Frauen ruhig am Nachmittag arbeiten

gehen, ohne zu hören, dass sie Rabe-Mütter sind. Außerdem, das würde ein anderes Problem lösen: Die ausländische Kinder würden viel mehr Deutsch hören und die Sprache doppelt schnell beherrschen. Deklinationen und trennbar Verben inklusiv.«

»Na ja, aber es gibt auch Probleme bei Euch in Frankreich. In den Vororten ...«

»Ja natürlich, ich habe das Gegenteil nie gesagt! Guck mal, Du fragst mich, was ich in Deinem Land ändern würde, und kaum antworte ich, Du fühlst Dich angegriffen. Ich sag's ja, solche Diskussion ist gefährlich!«

»Ach hör' schon auf, Du übertreibst schon wieder. Wir machen weiter.«

»Okay, aber ich warne Dich, das ist definitiv die letzte Frage!«

»Alles klar, aber gibt es nicht noch etwas, wo Du, als Französin ...«

»Ah doch, doch natürlich! Die Säkularisierung! Oder Laizismus, ich weiß nie genau, wie ich das ausdrucken muss auf Deutsch ... weil es leider kein großes Thema ist.«

»Ach ja, die Trennung von Staat und Kirche. Und das ist so wichtig?«

»Mittelweile, der Laizismus gehört zu unserem genetisch Code! Oder man könnte sagen, es ist quasi die Religion in Frankreich! Als ich erfahren habe dass in Deutschland der Staat sammelt die Taxe für die Kirche, ich dachte, es ist ein Witz! Und dann habe, ich entdeckt, dass moderne Leute, die seit langem weg sind aus der Kirche wegen der Taxe, wieder eintreten, um im Weiß am Altar heiraten zu dürfen! Ich dachte, das wird ... mmmh, wie soll ich das ausdrucken ... eine problematische Witz.«

Stille.

»Voilà, fertig, sonst sie sind perfekt.«

»Wer?«

»Was wer? Von wem, bitte schön, habe ich denn die ganz Zeit gesprochen? Die Deutsche!«